CANNY BI

ROBERT A .

As recorded on the three audio cassettes:

THE CANNIEST PLACE ON EORTH

RIDIN' HIGH

and

THE LANG PACK

Illustrations by
HENRY BREWIS

ISBN 0 9524649 0 X

Published by:

ROBERT ALLEN
The Glebe House
Bellingham
Hexham
Northumberland
NE48 2JS

Printed by:

PETER ROBSON (PRINT) LTD.
Haugh Lane Industrial Estate
Hexham
Northumberland
NE46 3PU

YE WANT A DEDICATION? -
NEE BETTOR COULD AH CHOOSE
THAN THE BUTTORFLY THAT DUNCHIES
THE ELBA O' ME MUSE

ACKNOWLEDGEMENTS

My thanks for services rendered in the production of this book and the cassettes of my poems are due to many people, - not necessarily in this order of importance...................

- to Henry Brewis for the artistry of his excellent illustrations.

- to Ren and Clare Hunter for the faithful recording of the cassettes.

- to Peter and Valerie Robson for the painstaking printing of the book and cassette sleeves.

- to Roland Bibby for his preface and continued support in the cause of Northumbrian literature.

- to the late Harry Pearson, who first persuaded and inspired me to have my poems recorded.

- to Willie Poole for overwhelming praise in the national media.

- to Brian Tilley and Stuart Bonney for favourable criticism in local media.

- to may nameless friends for their encouragement and appreciation of my efforts.

- and finally and most lovingly to my wife for clerical assistance, patience and toleration of my various unlovely moods during the whole production period.

R.A.

INTRODUCTION

The poems in this book, CANNY BIT VERSE, provide the script for my three Audio-Cassettes, THE CANNIEST PLACE ON EORTH, RIDIN' HIGH and THE LANG PACK in their recorded order.

On the grounds that the two senses of Sight and Hearing are better than either one alone, listeners might like to follow the script while playing the cassettes to get a wider appreciation of the verses they are hearing. In addition the script presents a quick reference back to any passage or line of verse that perhaps the ear did not quite pick up the first time through. For, after all, there are certain limitations to the use of the rewind button trying to find the exact spot on the tape to begin again. There is also the factor that some of my verses are the better for being heard in recitation, while others perhaps come over more easily just read silently to oneself.

NOTES ON THE SPELLING

The reader of these poems should be aware of the difficulties that the spelling of Northumberland's dialects presents. Firstly there have never been any rules or standards established for it; and secondly there are, in the county's language, vowel sounds, lilts and intonations that cannot be indicated properly within the limits of the alphabet used in Standard English. Perhaps the most obvious example here is the unique Northumberland "burr", which is rattled from the throat up and across the roof of the speaker's mouth. To be appreciated it must be heard rather than seen in print.

I have tried therefore to compromise by striking a balance between the phonetic and the intelligible. I trust that those readers who know the dialect will be able to impose the correct sounds and lilts upon the words automatically; and that those who are not so familiar with it will not become disenchanted by ugly attempts at phonetic spellings.

Only the most simple have been used, - but enough, I hope, to give a feeling of the dialect, - and in many cases I have resisted the temptation to alter the Standard English spelling at all, with the exception of a few vowel substitutions. I beg you to make allowance for any shortcomings. I should also like to point out that my dialect is essentially that of rural Northumberland, around the areas of North Tyne and Redesdale, and is not the "Geordie Twang". There is a similarity, but the rural is softer and sweeter, is spoken more deliberately, and contains fewer of the harsh double A sounds. Where a Geordie, for example, might speak of HADRIAN'S WAAL, the countryman would refer to HADRH'UN'S WERL.

However the differences today are not as great as they were even 50 years ago. The greater ease of travel and the advent of the vocal media have had the effect of intermingling the two dialects, with that of the urban Geordie proving the more dominant. And so the countryman of today sometimes tends to use some urban speech sounds that would never have come off his grandfather's tongue. As these poems were written in, of and about the closing decades of the 20th Century, I make no apologies for the use of words and pronunciations which reflect this inevitable change. Whether it has been for the better or not, I leave to each reader's open-minded judgement.

Robert Allen,
Bellingham

PREFACE

As one of the many Northumbrians both here and in exile, I have taken great pleasure listening to Robbie Allen's three cassettes of dialect verse, recently recorded. And so I am delighted to welcome this book, Canny Bit Verse, containing the script of all the poems on those cassettes.

They constitute what I call treasure trove. We have that rich verse, and that engaging voice in quantity on the cassettes; but to pick out all the ideas and memories that rattle at the windows of one's mind, - to pursue particular poems and comparisons, - to stroll through the magical chambers of the Northumbrian language, - word and accent origins and North Tynedale dialect differences, - the written version is most important.

With the book one can recite to oneself in the long winter evenings, or perhaps in the garden, out on the fellside or down on the beach without an electric socket in sight; and not be put out by the overwhelming sound of the voice of the lad (well, once) from Bellingham. You can pause for breath, thought or recall without a frenzy of switch pushing and place losing.

Ideally, of course, you can read and listen at the same time. There's double enjoyment for you, - even treble as you delight in the illustrations from the pen of that talented peasant, Henry Brewis.

Roland Bibby,
Morpeth

INDEX OF TITLES

THE CANNIEST PLACE ON EORTH

as recorded on

THE GREEN TAPE

Contents...................

THE CANNIEST PLACE ON EORTH

Come west bi Wannie's noble crags
Alang the Green Rigg road, that drags
Its windy way ower mossy haggs
    Ti Buteland top;
An' just bi wheor the stoan werl sags
    Had on noo - stop!

Nee bonnior view a body thrills
Than sight o' them Northumbrian hills;
From Chivvut ti the greet Whin Sills
    Bi Had'run's Werl;
Me heort wi' canny music fills
    Ti see them erl.

Look north just stan'in' as ye are
Wheor Rede rins doon from Cartor Bar.
Bi Byrness, Stobbs an' Elishaw,
    An' past the Mill,
Wheor shades o' Robson, Dodd an' Ha'
    Is reivin' still.

Noo leavin' Corsenside ahine
Thro' Woodborn haughs she maks a line
For bonnie Redesmooth, wheor she'll jine
    Wi' happy greetin's
Hor broador sistor rivvor, Tyne,
    At Wattor Meetin's.

Gaze oot far sooth an' see on high
Wheor Pennines touch the rim o' sky
Ayont the Werl wheor Romans lie
    I' graves forgot;
If noblor sight hes met the eye
    Ah nivvor saw't.

Ahint the woods o' Coontess Park,
Snug i' the windin' valley, mark
Wheor live the canny folk o' Wark,
    An' Simonborn,
An' Lee Herl wheor the blood ran dark
    Yin wintor's morn.

Noo westword bowldly come wi' me
Oot ower the ridge o' Duntorley,
Seek for them ways o' mystory
    The Reivors trod,
Still het wi' blood o' history
    In ivv'ry sod.

Theor sweet west winds from off the fells
Still gently shake the heathor bells;
The chorus o' thor tinklin' knells
    Will ring oot lood
A storrin' peal, - a tale that tells
    Of ancient feud.

See at the heid o' dark North Tyne,
Noo forest-clad, wheor spruce an' pine,
Stark, ivvorgreen an' line on line,
    Fornenst thorsels,
Stan' hush'd an' thick on each incline
    Wheor yince wore fells.

But, seesta noo, what's this afoot?
What's erl this wattor layin' aboot?
They've built a dam, hie, strang an' stoot
    'Cross wheor she's narra;
They hev the place erl flooded oot
    Reet doon ti Yarra.

Yet forthor doon the wattors grow
As peaty borns add ti thor flow;
From Falstoan, Stannors an' Stokoe,
    Chordon an' Smale
A cannior an' mair kindly glow
    Comes ower the dale.

Born 'mang the hefts o' blackface sheep,
Tarset an' Tarret row an' leap
Hard bi the Coomb an' roond the Sneep
    Ti jine thor streams,
Wheor ghosts o' lawless Milborns sleep
    Bloodthorsty dreams.

An' - "Yet! Yet! Yet!" - ye heor thor rush
Bi Greenhaugh an' the Holly Bush;
Past Tarset Herl they loup an' gush
        An' tak a line
Ti loss thor wercry i' the hush
        O' deepor Tyne.

Noo aldor-rigged the wattors glide
Bi Snabdough, Newton, Hesleyside,
Wheor spor'd-on Charltons erl wad ride,
        As they hed need,
Ti lift the sheep off far Scots Side
        Thor bairns ti feed.

Wheor Callor Hues hes rais'd hor croon,
The born ower Hareshaw Linn teems doon,
An' clattors thro' yon smerl grey toon
        That Ah cerl hame;
Wi' erl them bonnie hills aroon', -
        Ye'll know its name!

It's heor Ah boast Ah hed me borth,
Wheor frenship knows nee clarty deorth,
Wheor erl the folks is storlin' worth
        Ah'm prood ti come
From heor, - the canniest place on eorth, -
        From Bellinjum!

4

BONNIE NORTH TYNE

Fair Doon the dale the dark North Tyne
Rins bonnie on hor chosen line;
Wi' monny a sparklin' silvor shine
    Upon hor face
She weshes banks she wesh'd lang syne
    I' reivin' days.

On Kieldor fells she hes hor rise
Wheor sweet the lang-bill'd curloo cries;
An' tho' at forst but lowpin' size, -
    A wee bit ditch, -
Yet bi she gits wheor wor place lies
    She's glidin' rich.

I' spring when aldor catkins blow,
An' troot feed in hor gentlor flow,
Cry oystorcatchors as they go,
    An' sweet redshanks,
Sandpipors pipin' to an' fro
    Alang hor banks.

Erl summor lang the swallies sweep
The aor above hor drowsy deep,
An' theor an insect harvest reap
    Thor chicks ti feed;
Retornin' yeors the faith she'll keep
    Ti fill thor need.

When autumn cerls high summor's day,
An' fadin' leaves an' growth's decay
From green ti gowld the change obey
    An' ferl an' dee,
Hor back-end spates sweep erl away,
    Broon, sworlin' free.

Caad wintor's winds is sharp ti chill
Baith glidin' pool an dancin' rill;
Wi' creepin' ice the wattors still
        An' erl things hush, -
A season's rest afore the thrill
        O' springtime's rush.

She's bonnie in hor lazy gait,
She's bonnie in a drumlie spate,
She's bonnie in hor frozzen state
        Wi' shore ice met;
I' seasons eorly, seasons late
        She's bonnie yet!

THEM NORTHUMBIAN HILLS

Me heort's adrift amang them hills
That roll below Northumbrian skies
Thor noble tumult heaves an' fills
The farmost keekin' o' me eyes;

Ti crags wheor heathor cowps an' spills
An' windy bentlands ferl an' rise,
Me varry bein' lowps an' thrills,
Me sowl wi' teors o' pleasore cries.

Yon music floatin' sweet forlorn,
The matin' whaup-bord's corlee cry,
Theor echoes thro' the springin' morn,
The overture o' fell an' sky.

Bi time an' weathor kindly worn,
The hills gi'e back me whispor'd sigh, -
"God, bi whase will Ah heor wes born,
Grant heor Ah end me days forbye"

A CANNY WELCOME

The North Tyne folks is canny folks
From Kieldor ti the Werl;
But them that lives i' Bellinjum's
The canniest o' them erl.

An' when ye come amang us, y'ore
As welcome as can be;
Ye'll find that w'ore hospitibul
An' oppen-heorted tee.

But if ye plan ti settle heor,
Ye'll hatta leorn the rules -
We divvent like the cocky yins,
An' canna bide the fools.

For if amang us canny folks
Ye wish ti be elect,
Nee hang for reputation, ye
Must eorn yor ahn respect.

An' when ye've bin heor fifty yeor,
An' nivvor made a fuss, -
Then, - mebbies, - we'll be kind ti ye
An' cerl ye, - 'Yin of us'!

WOR TIMOTHY

Aye rinnin' comes wor Timothy
Ti scrabble up on's Granda's knee;
The dimplin' grin aroond the lips,
The howk an' settle o' the hips,
The story book thrust i' me hand, -
"The yin aboot the elephant!"

Aye bonnie lad, an' just torn'd three,
Aye bonnie lad, an' lucky tee;
Life's but a happy rin an' showt
For little minds that yet knows nowt
Of erl its worry an' its care, -
What bliss ti be see unaware!

He wriggles i' me crook of airm,
An' torns on us that flash o' chairm
That twinkles oot hes smilin' eyes, -
"Then tell us, Granda, - y'ore that wise, -
At what age will Ah git ti be
A grim owld cynic, - just like ye?"

LITTLE WILLIE

Tappy-lappy doon the lonnen
    In hes sunda' suit,
Happy little Willie rinnin',
    Dissent giv' a hoot;
See the canny smilin' facies,
    Kiddies at thor play,
Tag an' stotty-berl an' racies
    Erl the live-lang day.

Draggy-laggy up the lonnen,
    Heid ti foot i' glaur,
Claggy little Willie rinnin'
    Back yame tiv hes ma;
See the serlty teors drappin',
    Feort of a cloot,
Britchy-backsides torn an' flappin',
    Sark-tail hingin' oot.'

FAIR WARNIN' TI WILLIE

Ah've heord tell Willie's marryin'
    Yon lass across the way;
Ah feor the lad is ganna find
She's no the quiet canny kind, -
The boomin' voice she's carryin'
    Hes ower much ti say.

Wi' yin that's erlwis chattorin'
    He's bound ti hev a job;
When ivv'ry thowt comes tiv hor heid.
So be thore want for't, be thore need.
She just sets speilin', clattorin'
    Faor oot hor muckle gob.

She'll terlk a mule's hint leg away.
    An' set hes haors a-hackle;
Hor tongue gans like the belfry clappors, -
She'll chowk horsel w'hor boodie snappors;
A pullet layin' an egg a day
    Wad no mak half the cackle.

Hes feythor kenn'd, - he wed a wife
    Wi' mooth baith lood an' bonny;
On ivv'ry subject, ivv'ry mattor
Ye'd heor the bitch gan nattor, nattor;
An' ivvor since he's led a life
    Ah waddent wish on onny.

Wad Willie but arrange ti find
    A dumbor sort o' mate!
An' wad he mind that thore is need
Ti think aboot the yeors aheid!
Gan on, man Willie, change yor mind, -
    It's mebbies not ower late!

A CAUTIONARY TALE

Ah met an owld sweetheort the day,
    Ah'd courted when a lad;
She smiled at me the same shy way,
    But, man, hor eyes wes sad.

Ah kindly asked aboot hor health
    An' hoo she'd fared i' life,
An' hed she come the way o' wealth
    As some man's canny wife.

"Three times" - she towld us, - "Ah've bin wed,
    Three times a widow made,
An' them three men that shar'd me bed
    I' cowldor clay's noo laid"

An' then she spoke an erful truth,
    As grim's the graves that hide them, -
"Hed ye bin bowldor i' yor youth,
    Ye wad be layin' aside them!"

THE OWLD BACHELOR'S TALE

Thore'll be monny a man that is married the day
    What'll wish that he'd nivvor gat wed;
An' he'll sweor that he'll gi'e onny money ti pay
    For the peace of a cowld narra bed.

An' it just gans ti show that nee mattor thor state
    Or the good things i' life that they've got,
If they spy a green field thro' anithor man's gate,
    Folks is erlwis begrudgin' thor lot.

For mesel, - Ah'm neen bothor'd 'boot them sort o' things,
    Ah've just bool'd alang quiet, - nee strivin';
An' bin crouse ti hev ta'en what a single life brings,
    For Ah nivvor gat roond ti the wivin'.

I' me teens nivvor thowt wad come inti me heid
    Hoo the time o' youth sharp flits an' passes;
For while ithor young laddies wes spoilin' thor greed,
    Ah wes nivvor nee hand wi' the lasses.

Ah suppose thore'll be some say Ah'm cunnin' an' fly,
    An' Ah've aye bin a gey canny livor;
But the truth o' the mattor's no hard ti come by,
    Ah' it's nowt aboot bein' ower clivvor.

Mind, - Ah darsay thore's bin times Ah've shawn a bit eye,
    Times Ah've work'd mesel intiv a lethor;
But then eftor a while, man, the fettle passed by,
    An' Ah sharp pull'd mesel back tigethor

Ah could whiles take a fancy ti some joggly hips,
　　Ah could tell ye some names - but Ah'll not!
Thore wes hor wi' the big yins, an' hor wi' the lips;
　　Thore wes hor mebbies bettor forgot!

But for erl me greet brag aboot thore bein' nee lass
　　That could ivvor set wor heort afire,
Ah should mebbies hev telt ye, - but somehoo let pass, -
　　That Ah'm erlso weel-known as a lior!

For the day the grim reapor comes roond wi' hes knife
　　An' Ah'm hoyed on the back of hes ceort,
Ye'll find yin bonnie lass that hes lit up me life,
　　What Ah'll own ti hev cerl'd me sweetheort.

But she'll nivvor let on 'boot that secret we shaor,
　　For she'll aye mind yon neet, Ah've nee doot,
When Ah kiss'd hor aback o' the ..... nivvor mind wheor,
　　An' thore's neebody ivvor fund oot!

OWLD MEN'S THOWTS

Noo the canny owld gadjees that wandor aboot
    Alang wor village street,
Are the yins that thor wives ivv'ry mornin' hoy oot
    From undorneath thor feet.

Ye can terlk as ye like, but it's aye bin the same
    As lang as Ah can mind;
An' Ah fancy that them that feels pity or shame
    Just speak o't as they find.

Ye can see them theor standin' at yon gable end
    Maist mornin's o' the week,
As the wetch erl the gan-bys, or nod ti a friend,
    For gey few words they speak.

But ye wondor what thowts can be flittin' doon thro'
    The grey cells o' thor heorts, -
Is it dreams o' thor youth that hev nivvor come true,
    But shattor'd at thor steorts?

Erl the great Ifs an' Buts that hev colour'd each life,
    The Mebbies an' the Whys?
Hoo they might hev won glory insteed o' just strife. -
    The thowts that's eftor-wise?

An' what hopes hev they noo but a few weory yeors
    Afore th'ore cerl'd away,
When a grim quiet heorse an' a mind full o' teors
    Will speak for them yin day?

An' we'll oppen wor heorts wi' wor charities smerl
    Ti sing thor names wi' pride,
Knowin' weel that some heoreftor day we an' erl
    Must tak yon same lang ride.

An' whativvor we've done ti the blame or the praise
    I' the cause o' love or lust,
When we reach the sweet silence that cortains wor days,
    W'ore nowt but dust ti dust.

Yet bi keepin' fast had o' the Faith that we've got
    We'll know what way ti look, -
Seein' death as the end o' a chaptor, an' not
    The closin' o' the book.

A LOT OF IT ABOOT

Ah wes feelin' bad this mornin', - Ah'm nowt ower grand ye noo,
Thore's a throbbin' at me temples, an' a het flush on me broo;
Wi' achin' joints an' catchy throwt, Ah hevvent onny doot
Ah musta ketch'd the bug they cerl, - "A Lot of it Aboot".

The wife, she taks yin look at me, - "Ah know just what ye need,
Het bottle on yor belly, an' an asprin for yor heid;
Just git yorsel inti yor bed, - an' divvent ye git oot, -
Ah'm ganna cerl the doctor, thore's a lot of it aboot!"

The doctor diagnoses it a new type Asian 'flu, -
Wes browt heor i' the baggage of an immigrant Hindu;
If Ah find oot whee giv us it, Ah'll fetch him sic a cloot,
Thore's little comfort knowin' thore's a lot of it aboot!

Aad Chearlie from next door comes roond; he sees me wattory
                                                        eyes,
Me hacky cough an' snotty nose, an' stearts ti sympathise, -
"Me Antie doon at Hexham says wor Willie's got a beaut,
Varnigh ti be expectit, - thore's a lot if it aboot!"

Ah think the neighbor's canny that sends a Git Well card, -
Ah owt ti love erl neighbors, but Ah find hor varry hard
Shaw'n charity tiwerds the yins that just stand theor an' spoot, -
"They say he's propor poorly, - thore's a lot of it aboot!"

But, - when Ah', feelin' bettor, an' Ah'm up an' oot yince mair,
An' heor hoo erl them neighbor folks is feelin' kinda sair,
Ah'll werlk reet in, erl heorty grin, an' look at them an' shoot, -
"Ah see ye've got what Ah hed, - thore's a lot of it aboot!"

THE BONNIEST TIME O' YEOR

Thore's mair o' spring each day that dawns,
Ah's gittin' that feelin' i' me corns;
The bords is singin' erl the morns
      That's bright an' fair,
The reedshank's cerlin' up the borns
      For ivvormair.

The bummlor's bizzin' roond the flooers,
The curloo's bubblin' ower the moors;
The March wind's blawn us langor 'oors
      Afore neet ferls;
Aad April sends hor rainbow shooers
      I' sudden squerls.

The herthorn's fulla new green shoots,
Primrosies weor thor Sunda' suits;
Whiles doon below the oaktree roots
      A vixen's lain, -
Thore's few but know hor wheoraboots
      Nor whelpin' pain.

The blackie's whistlin' bi the gate,
The peewit's cryin' on its mate;
Erl Nature seems i' sic a state
      An' sic a flurry, -
Thore's no a thing that canna wait, -
      Whatfor the hurry?

The shephord laddie on the fells
Cleor an' lood t'hes collie yells, -
"Keep aff them yowes, man, derg, hell's bells!
      Come bye! Come bye!
Let them gan canny bi thorsels,
      Thor lambin's nigh!"

Aad Harry theor's bin at't for weeks
A-crackin' on aboot hes leeks;
Darsay some new-fund strain he seeks
    Ti change hes luck;
The while hes shanty greenhoose reeks
    Wi' aad coo-muck.

Thore's ithor gard'nin' folks Ah sees, -
Thore's yin hes set a row o' peas,
Anithor's shufflin' on hes knees
    Ti sow hes seeds,
An' hows is gan' like a bleeze
    Ti kill the weeds.

The aad wife's gittin' oot the broom,
An's hoyin' dust aboot the room,
An' yakkin' on i' voice o' doom, -
    Spring cleanin's heor!
Ah'd best git doon the Rose an' Croon
    For suppa beor!

Young Nancy's pittin' on new claes,
An's paintin' colour on hor face,
So's likely lads'll lovin' gaze
    A wee bit mair;
Pits me i' mind o' ma young days
    When Ah'd be theor.

It's aye the bonniest time o' yeor
When smiling' folks is fulla cheor,
An' erl life's gittin' in top geor
    An' gan' a racket;
Ah like hor best when spring is heor, -
    Ye canna whack it!

THE RELUCTANT GARD'NOR

We hev nee time ti sit an' rhyme,
    Or heor the blackbord sing,
When erl them weeds wi' ugly heids
    Starts pushin' thro' i' spring.

We hatta go an' git wor hoe
    An' gi'e them erl a proddin',
Cut aff thor shoots, howk up thor roots,
    An' stop the beggors noddin'.

Folks say it's grand ti spit yor hand,
    Bend back an' grit yor teeth,
An' neen should shork th'important work
    O' bashin' weeds ti deith

But ye'll agree, it seems ti me,
    Thore must be bettor ways,
Like diggin' deep, or grazin' sheep,
    Or usin' poisin sprays.

If them's nee use, - withoot excuse
    An' beggin' nee one's pardon,
Ah'll tak in hand cement an' sand,
    An' concrete erl me garden!

But sad ti say, Ah heord tiday, -
    Ye leorn if ye just listen, -
Ti concrete weeds, it seems ye needs
    The Cooncil's Plannin' Pormission!

THE GREENHOOSE EFFECT

For days on end the clammy heat
Doon on wor heids them summors beat;
The varry stoans below wor feet
        Wes oven-het,
Wor eyes wes sair wi' blindin' leet,
        An' fulla sweat

The sun climb'd up the forenoon sky,
Struck doon on gardens dusty dry;
The flooers erl corl'd up ti die
        On sickly shoots;
For weeks nee moistor hed come nigh
        Thor withor'd roots

Erl thro' the weary drouthy day
The farmors ted thor thin-cut hay;
Thor coos went hunchin' ower the brae
        An' doon the haugh;
Thor shrunken uddors hardly stay
        Thor hungor'd calf.

The dogs lay pantin' i' the shade,
The pastores shrivell'd i' the blade;
The sky's great fornace fairly flay'd
        An' bornt wor skins;
Bare shuddors, airms an' legs sair paid
        For naked sins.

The scanty rivvor trickled past
As roond dry shingle beds she cast;
Hor narra runs wes erl had fast
        Wi' slimey weed;
Hor fishies, floondorin' thor last
        Wes varnigh deid.

Greet cloods o' midgies ivv'rywheor
Hung dancin' i' the clarty aor;
Wi' heids fair duzzy wi' the glaor
        An' heavy strain,
We silently sent up a prayor
        For gentle rain.

Mind, - ice-cream men wes canny paid,
They'd nivvor hed a bettor trade;
An' each day ivv'ry drop they made
    They sharp gat selt,
As het tongues dug in like a spade
    Afore she melt.

The pubs wes fulla thorsty men,
The beors came in agen 'n' agen;
Big sweaty oxtors rise an' ben'
    Ti swill 'em doon,
As ower drouthy throwts they sen'
    Baith Scotch an' Broon.

We lay doon on wor beds at neet,
An' thowt ti flee the bornin' heat;
But lathor'd i' the claggy sheet
    We toss an' torn,
An' reed-rimm'd eyes is glad ti greet
    The morra's morn.

Thore's summors bin wes ower wet,
Thore's summors bin wes canny, - yet
Them yeors, Ah sweor, we'll no forget,
    When folks'll tell
O' days the Divil sorv'd them het
    Foretastes o' Hell!

THE BACK END GALE

Neet-lang the wind speils oot hor skelpin' roar
    A gale i' spate
    Is argifying' trees;
    Wi' rantin' bleeze
    An' mad berate
She clattors lattice, winda, shuttor, door
    Ti feed hor hate.

As if ti wake the deid you hellish spawn
    O' Nature's lung
    Gans lowpin' ower the graves
    O' saints an' knaves
    Baith owld an' young,
An' maks the steeple bell clang oot o' torn
    Wi'ts iron tongue.

She combs oot wild the chimla's smokey tresses
    Wi spark-fed glee;
    She maks roof timmors shake
    Keeps bairns awake,
    An' on the spree
Whorls up the lasses' undorlays an' dresses
    Reet ower the knee.

Wheest! - hoo she sets hor shuddors ti the eaves,
    An' laughin' whiles,
    Gits 'low you kittle porlin,
    Aye flingin', horlin'
    Some louse-had tiles,
Ti lit amang some scattor'd lee o' leaves

    I' hapt up kiles.
Thro' broken cloods, bi glimmors o' the moon,
    The woods is glowin'
    Wheor muckle heavin' boughs
    Dance fit ti louse;
    Wi' bittor tone
Faor like a fiddle sadly oot o' tune
    They scrunch an' groan.

Time wes folk swore that witchies rode the sky
    On sic a neet;
    Hoo broods o' cacklin' hags
    On broom-shank nags
    Wi' nee hoof-beat
Wad gan a bonnie gallop, sweepin' by,
    Black cat back seat.

Some said 'twes cover for the wily Scot
    Ti moont an' ride,
    Ti lift the grass-fat sheeps
    An' fire them keeps
    Roond Tarsetside,
Ti scumfish oot the North Tyne Reivors what
    Hed dunch'd thor pride.

But nooadays w'ore wise hoo gales just show
    That God's afoot,
    Ti spreid an' scatter seeds
    O' flooers an' weeds,
    An' aye rid oot
An' fell them trees that hardly stan', but grow
    On femmor root.

For on the morn what tousie sights ye'll find,
    When 't maks ye sad
    Ti see roots point the stars
    An' splintor'd scars
    Stood oot wheor aad
An' coggly branchies, tummel'd bi the wind
    Hev lost thor had.

We shed a teor, - yet mind hoo gale an' breeze
    Is erl His plan;
    But folk mun nivvor grieve
    For He'll aye leave
    The best ti stan';
Could sic a simple way o' sortin' trees
    Forbye sort man?

ALANG THE BANKS O' TYNE

Far ower the fields the untrod snow
 Lies bonnie white;
 It come in ower night
That softly on a sooth-east blow
 See fleecy light;
It's painted erl the twigs
 An' clad a braw ootline
Atop the aldor catkin sprigs
 Alang the banks o' Tyne.

Noo on deid heids o' meddersweet
 Thore's blossoms cowld,
 That gleam mair bright an' bowld
Than them that dusted bummlor's feet
 Wi summor's gowld;
Hard on the ripen'd seed
 The frozzen petals shine,
Wheor family flocks o' finchies feed
 Alang the banks o' Tyne.

The fieldfare an' the mistlethrush
 An' redwing seek
 Thor baits i' weathor bleak;
Teor berries aff the herthorn bush
 Wi' greedy beak;
They chattor as they go
 An' nivvor seem ti pine, -
Nee worry 'boot a ferl o' snow
 Alang the banks o' Tyne.

Yon robin's chitt'rin' on the sill
 Ti werm hes wits;
 An' starlin's, spuggies, tits
Look wheor they can thor bellies fill
 Wi' thrawn-oot bits;
On scraps an' crust an' crumb
 Th'ore sharp ti swoop an' dine,
An' canny thrive while spring hes come
 Alang the banks o' Tyne.

Heor noo the hungry sucklor coos
    Bleor oot thor need;
      But hush! wi' erl the speed
The tractor's load o' bales alloos
    Heor comes thor feed;
The farmer forks them oot
    The hay erl sweet an' fine,
They heor hes gentle, - "Coop! Coop!" - shoot
    Alang the banks o' Tyne.

See yon doon-calvor strain hor hips
    An' brek the flood;
      Thro' caul, werm gleet an' blood,
Corl'd hoof ti chin, the new calf slips
    Ti snow an' mud;
She bleors! - an' shnuffs hor young,
    Then 'lang the shiv'rin' spine
Rasps back the blood-heat wi' her tongue
    Alang the banks o' Tyne.

The shephord cerls hes collie derg, -
    "Way, git oot bye!" -
      An' ti the hill he'll fly,
An' roond up monny a stubborn herg
    Wi's steely eye;
An' tho' the drifts is thick
    Yon derg'll seek an' fin'
The yowe that's burried, lyin' sick,
    Alang the banks o' Tyne.

The postie plodges thro' the drifts
    At stayor's pace;
      Wi' wind-reed grinnin' face,
Reet canny from hes bag he lifts,
    From far-aff place,
A post card from wor Jack, -
    "Australian weathor's fine,
But, man, Ah'm wishin' Ah wes back
    Alang the banks o' Tyne".

See yon dark glintin' rivvor glide
  Hor chilly run;
  But wheor the watt'ry sun
Keeks hardlies ti hor southorn side,
  Ice hes begun
Ti creep oot ower hor pools,
  An' minds us it's a sign,
That these is days when Jack Frost rules
  Alang the banks o' Tyne.

For when black ice hads fast the grund
  An' ways is deep,
  An' for hes wintor sleep
The hedgehog hes some werm nook fund
  The wheor ti creep -
At hame o' neets we'll bide
  An' rest from erl wor grine,
Feet up afore wor ahn fiorside
  Alang the banks o' Tyne.

But when forst-footin' neet is heor
  Wor elbas bend;
  An' thore'll be heids ti mend
Wi' drinkin' in the good New Yeor
  Wi' ivv'ry friend;
But aye we'll tak a wet
  For days o' owld lang syne,
We nivvor deid a wintor yet
  Alang the banks o' Tyne.

Me heort langs for the fresh again
  That shifts it erl;
  When some Atlantic squerl
Comes blowin' ower the fells, an' rain
  Starts in ti ferl;
Eh, man, it wad be nice
  Ti feel some werm sunshine,
An' see a spate an' crackin' ice
  Alang the banks o' Tyne.

THE CORBIE CROW

Oot ower the fell, hes eye aglint,
    Aye scroongin' owt below,
Yon crafty ridor o' the wind,
    Theor flees the corbie crow.

A blackie's eye hes fancy feed,
    A pickle blood hes dram,
He spies hes belly's orgent need,
    A werm-dopt kebbit lamb.

The splodges on yon tufty knowe
    Erl blood an' ket noo show
Just hoo the sorra o' the yowe
    Wes suppor for the crow.

TWO CLIVVOR BORDS

The blackbord hops alang the green,
    An' cocks hes feathor'd lugs;
He heors the rumblin' worms that keen,
    An' erl them clatt'rin' bugs.

The kestrel hovers i' the blue,
    An' scans the wavin' bent;
He's sharp ti spot the scuttlin' shrew
    An' spy the way it went.

The Lord above made us folk wise
    Ti find oot ganin's on, -
But He nivvor gi'e us lugs an' eyes
    Ti heor an' see like yon.

APRIL NIGHT

'Twes half past eight of an April night,
A collor-up drizzle, a fadin' light,
An' the folks astor, as weel they might,
    Trudg'd weory by,
Heid doon ti the east wind's sleety bite
    An' the grey roond sky.

It wessent a time ye wad hev thowt
Ti heor a voice ring bonnie as owt,
A liquid an' throbbin' defiant showt, -
    The matin' sang
Of a blackbord singin' away full throwt
    The street alang.

Just porch'd up high on a gable en',
Wheor's nowt that a pickle bield could len,
He sang hes heort ti hes lady frien'
    I' the bush hard by, -
On fower werm eggs, a wee broon hen
    Wi' a beady eye.

Ye winds that fetch the North Sea fret,
Aye kissenin' up wi' cowld an' wet
Erl livin' things , - did ye forget
    Yon bord sang sweet?
Ye've nivvor stopp'd the Springtime yet,
    Nor'll ivvor dee't!

SPUGGIES

Of erl the bords that flit aboot
    Ah like the spuggies best;
They hev nee bonnie feathors,
    They build an erful nest.

They fight alang the guttor's edge,
    They make love i' the street;
Thor voice is just a cross atween
    A chirrup an' a tweet.

They eat the seeds the gard'nor sows,
    They pinch the farmor's corn;
Th'ore chattorbox an' scattorbrain
    The varry day th'ore born.

Below that cheeky little face,
    Ahint them beady eyes,
Ye'd sweor they wore the Divil's sons
    I' feathory disguise.

Thore's nowt o' praise for erl yon clan,
    That Ah can put i' words;
But, - please forgi'e them if ye can, -
    Th'ore canny little bords!

THEM KIELDOR MIDGIES

Way up at Kieldor Wattor theor, the heid o' owld North Tyne,
The place them Bordor Reivors used to ride, ye cerl ti min' -
Thore's mair blood shed them pearts the day, than Reivors shed
        lang syne,
    Bi them bloody Kieldor Midgies!

Ah hev nee fond regrets aboot the sweor words i' me vorse, -
Ye gan up theor some summor neet, Ah fancy ye'll say worse;
For yince they git a reet fast had, ye canna help but corse
    Erl them bloody Kieldor Midgies!

Yon savage breed o' flees what's fit for nowt but fishie's food,
Is nivvor ower bothor'd 'boot the colour o' yor blood;
See lang as she's just werm an' wet, they'll sup hor canny good,
    Will them bloody Kieldor Midgies!

A cross atween a Werewolf an' a Kamikaze plane,
Try swottin' them, try dottin' them, they'll aye come back again;
They don't just nibble roond yor lugs, they git inside yor brain,
    Dee them bloody Kieldor Midgies!

In endless waves o' thoosands th'ore forivvor seekin' flesh,
Neebody's wove a sark see thick they'll no git thro' the mesh;
They'll even bite ye roond them placies wheor ye nivvor wesh,
    Will them bloody Kieldor Midgies!

They spot the tourists comin' up the North Tyne road for miles,
The light o' battle's i' thor eyes, - th'ore fulla wicked smiles,
Aye sharp'nin' up thor razor teeth wi' little pocket files,
    Is them bloody Kieldor Midgies!

The folks up theor, come six o'clock, is sharp ti git inside,
An' wetch them thro' thor windas, while th'ore rangin' far an' wide;
Think nowt ti erl them cloods o' Aerosol Insecticide,
    Dee them bloody Kieldor Midgies!

Mankind has suffor'd doon the agies ivv'ry plague an' storm,
Saint Geordie fettled dragons, an' young Lambton slew hes worm,
But they've nivvor fund a champion yet ti rid them o' yon swarm
    O' them bloody Kieldor Midgies!

RIDIN' HIGH

as recorded on

THE RED TAPE

Contents....................

Ridin' High
The Way they Go
Tom Fool
It Gits ye Neewheor
The Handiwork
Folks an' Bords
Then an' Noo
The Whee's Deid Collum
Yin for the Road
Wor Place

Spring i' Redesdale
The North East Wind
Foggy Ootbye
The Back End - Eorly an' Late
Grey Wintor
The Faith o' March
End o' a Lambin' Day
The Owld Farmor's Advice
On Wor Own
Yon Magazine

RIDIN' HIGH

Ah'm sittin' canny theor at houm, -
Tom Forstor rings up, - "Man, Ah've grown
That fond o' yor vorse, - just wreet a poum
    'Boot horse an' hoond;
Gan on theor, bonnie lad, ye'll show'm
    Ay, Ah'll be boond."

At forst Ah said, -"Nee bloody feot!
Wi' erl them exports sittin' theor,
What's gathor'd up from far an' neor,
    Erl huntsmen famous;
For whee amangst them wants ti heor
    An ignoramus?"

Tom answor'd us wi' plenty scorn, -
"Git up ti Chirdon theor the morn;
When ye heor Thorborn blaa hes horn
    Yor blood'll stor,
An' ye'll wreet ti the mannor born
    Yor North Tyne borr"

So, - up the Chirdon born Ah gans, -
An' theor aside a carcase stan's
Ted Thorborn, - blood erl ower hes han's
    An' 'lang hes knife;
Ah' Ah feel just like onny man's
    Feort for hes life.

"Tom Forstor sent us heor" - Ah said, -
"Ti git some huntin' i' me head;
But Ah divvent fancy bein' bled
    Bi yon lang gully,
Or bein' chopp'd up smerl an' fed
    Ti some hoond's belly"

Ted laugh'd, an' then he gi'e a shoot, -
"If that is erl ye've come aboot,
We'd best be gittin' th' aad mare oot,
    An' ye up on hor"
Thinks Ah, - "Yince on hor back, Ah doot,
    Ah'll be a gonnor"

So Ted yells oot, - "Look sharp theor, lass,
Heor's Robbie come, - Ah think he has
A fancy noo ti show hes class
       On a horsie's back;
Just fetch the mare in from the grass,
       An' erl hor tack"

The lassie cerls oot, - "Coop! Coop! Coop!
We heor the mare came cant'rin' oop,
Hor nostrils flar'd oot like a hoop,
       Erl fulla fettle;
Thinks Ah, "Ted's comin' th' aad pea soup, -
       Git on yor mettle"

An' then he says, "But noo, let's see,
Ye've nivvor ridden afore, hev ye?
This mare's as canny as can be,
       An' quiet's a moose;
She'll stand, - just let the reens gan free,
       An' dangle loose"

Ted tightens gorths, taks up the slack,
An' slips the bit in wi' a crack;
She stan's theor like some muckle stack,
       An' gi'es a whinny;
Says Ted, - "Let's see ye on hor back,
       Me bonnie hinny"

The canny mare gi'es oot a snort,
A buck an' then a bit cavort;
Thinks Ah, - "Nee sense in gittin' hort
       Ti wreet Tom's poum"
An't cross'd me mind Ah mebbies ought
       Be makin' houm.

But, - Ah held me groond, an' held me pride,
Detormin'd Ah wad leorn ti ride;
Ah wessent ganna let Ted chide
       That Ah wes feort,
Or let him see hoo deep inside
       Ah wes deid sceort.

Ah says ti Ted, - "Noo keep us reet, -
Yon pedals theor's ti had me feet, -
An' Ah know Ah hev ti howk me seat
    Up int' the saddle;
But hoo ti git theor hes us beat, -
    She's a canny straddle"

Ted sets us easy - "Hev nee feor,
Just put yor left foot inti heor,
An' as ye lowp, a heave Ah'll gi'e ye"
    So, wi' a 'Hup!',
He sets hes showldor ti me reor, -
    An', lad, Ah'm up.

Ah hings on an' Ah looks aroond,
Ah says, - "Yon's bin a canny boond
Ti git us reet up off the groond,
    An' sat up heor"
It seem'd an erful lang way doon,
    An' tarble sheor.

Thinks Ah, -"See far y'ore deein' weel,
See lang's ye divvent coup yor creel"
Then thro' hor mane Ah starts ti feel,
    But, by the heck,
Ah cuddent find nee steorin' wheel,
    Nigh hand hor neck.

A voice comes at us thick wi' scorn, -
An' frosty as a wintor's morn, -
"Ye hev a canny bit ti leorn, -
    Git had the reens,
An' when ye want the mare ti torn,
    Then them's yor means!"

"Erlreet," - Ah says, - "Ah undorstand,
Ah think Ah've gitten th' idea grand";
An' so the reens in eethor hand
    Ah canny takes;
Then puts ti Ted me next demand, -
    "Noo, wheor's the brakes?"

Ah thowt that Ted hed ta'en a fit,
Hes eyes wes reed, hes teeth wes grit;
He shoots, - "Ye man o' little wit, -
        Ti mak hor slow,
Pull on the reens, draw back the bit,
        An' just shoot 'Whoa!'

Ah says, - "For yellin' thore's nee need,
Just keep what thatch thore's on yor heid;
Nee cerl for yin o' yor good breed
        Ti play the martyr;
Noo, gi'e hor a swing, hor batt'ry's deid,
        Ah canna start hor!"

Ah shoulda heeded some alarm
When Ah saw Ted theor loss hes calm;
For raisin' up hes muckle arm,
        Wi' yin greet thump,
He browt hor doon wi' ootspreid palm
        On th' aad mare's rump.

Hev ye ivvor woke up i' the night
Wi' nowt but darkness i' yor sight,
An' ye canna find the flamin' light,
        An' summat's wrang?
Then ye'll know the measore o' me fright
        As yon mare sprang.

This canny mare! - the quiet kind! -
Hed only yin thing on hor mind;
She reor'd up like a rowlor blind,
        An' set off hard;
An' Ah left me stomach far behind
        I' Chirdon yard.

The mare drave on, nee time ti bide,
She loup'd the born theor cleor an' wide
An' landed up on t'other side
        An' nivvor wet;
The mem'ry o' yon erful ride
        Still hants us yet.

What scattorin' o' sheep an' storks!
What clattorin' wi' howks an' jorks!
What battorin' o' me inside works,
    Aye booncin', liftin'
As doon the road tiwerds the Borks
    The mare gans shiftin'!

She flew streit thro' a double bend,
A trail o' fencies left ti mend;
An' theor's me prayin' - "Lord defend
    Erl Chirdon Wattor;
Grant ti this ride some gentle end
    Somehoo, nee mattor!"

Then just afore the Borks brig top
The aad mare's knees begins ti drop;
She slithors tiv a sudden stop,
    Hor showldor shrugs,
An' theor's Ah'm fleein' like a lop
    Oot ower hor lugs.

Ah diddent mind the forst greet boond,
Ah took nee hort the three times roond;
Ah put up wi' the werm wet soond
    Inside me troosies;
But, ye beggor, when Ah hit the groond,
    Ah gat some bruisies!

Ah'm wisor noo, - Ah think Ah should
No try oot things wheor Ah'm nee good;
So, - if ye see some dorty flood
    Come doon the Tyne,
An' fancy that the half on't's blood
    Y'ore reet, - she's mine!

THE WAY THEY GO

Ting-a-lingin'
School bell ringin'
    Soond o' freedom's joys
Rumblin', tumblin'
Ootside bumblin'
    Sorgin' tide o' boys.

Dancin', prancin'
Nee back glancin'
    Scrabblin' thro' the gates;
Hootin', tootin'
Erlwis shoootin'
    Cerlin' ti thor mates.

Thore's me mannie,
Hey-me-nannie,
    Like a scaddit cat;
Heltor skeltor,
Gan a beltor,
    What the hell's he at?

Hell for leathor,
Fulla blethor,
    Rinnin' erl the airts;
Clittor, clattor,
Slittor, slattor
    Doon amang the clarts!

Whey, ye beggor,
What a cleggor,
    Heidlang i' the glaur;
Hups-a-daisy,
Crazy Maisie, -
    Git wrang off hes ma.

Double trouble,
Divvent bubble,
    Nivvor heed the blow;
Dangor scornin',
Nivvor leornin',
    That's the way the go!

TOM FOOL

When Ah wes young an' went ti school,
An' shin'd me backside on a stool,
Ah sharp gat leorn'd yin simple rule, -
    Heor's hoo it goes, -
"Thore's erlwis mair folks knows Tom Fool
    Than Tom Fool knows"

But noo Ah've grown ti be a man,
An' studied folks as best Ah can,
Ah find this rule'll hardly stan',
    'Cos Ah suppose
Ah see mair Tom Fools as Ah gan
    Than maist folks knows.

As sure's the Divvil bides i' Hell
Nee suror truth than this Ah tell;
Yet thore's anithor thing as well, -
    It mebbies shows
Ah'm just a greet Tom Fool mesel, -
    Ye nivvor knows!

IT GITS YE NEEWHEOR

Thore's yin thing but ye owt ti know, -
As owldor yet less wise Ah grow,
Ah find it erlwis pays ti show
    Respect ti lassies,
Withoot bein' cerl'd a So-an-so
    For makin' passies.

Tho' folks'll say Ah'm erlwis calm,
Thore's whiles Ah mebbies chance me arm,
An' thinkin' it can dee nee harm,
    Ah cerl them BONNIE
An' eftin find yon word'll charm
    The heorts o' monny.

But if Ah really want ti flattor,
Ah'll aye gan forthor i' the mattor;
Ah'll risk hor, mad as onny hattor,
    Wi' cheek roond tongue
Ah'll gi'e them erl me speil an' pattor
    An' cerl them YOUNG!

THE HANDIWORK

If ye wad stand oot theor i' space ayont the blue o' sky,
    An' look doon on the Handiwork o' God, -
While at yor feet the grey silk cloods gans driftin' quiet by
    Alang the Eorth wheor Adam forst hed trod, -

Ye'll see the things that's wondorful, an' find the things that's wise
    Erl lock'd tigithor canny, each i' place;
An' scattor'd faor at random, spreidin' oot afore yor eyes,
    Ye'll spy the bonnie colours on hor face.

While some is lyin' fast asleep i' cowld bleak beds o' deith,
    Just waitin' on the sorge an' lift o' springs,
Thore's ithors dance an' sing wi' life, sook in the lovin' breith
    That erl thor growth an' prime an' harvest brings.

The subtle ways they've altor'd noo, the guisies that they've worn,
    Ti suit each season's chance or wind o' change;
Mutatin' thro' the agies, ridin' oot the plague or storm,
    They've rose again maist powerfully strange.

When ye think o' erl the strength God's gi'en each heort that throbs
                      away,
    Hoo He's fit them in Hes Ivvorlastin' Plan, -
Dis it mak ye stop an' wondor when ye heor the preachor say, -
    "The clivvorest thing He ivvor made was MAN"?

FOLKS AN' BORDS

The dawn comes up blue silvor, creepin' cowld,
    An' signs in pink anithor wintor's day;
    The Eorth noo at hor full tilt north away
Hes scorn'd the Sun, an' dull'd hor face o' gowld.

Luke werm an' low alang the egg-shell sky
    She hardly crests the southorn fell's dark rim,
    An' slants hor shaddors ower a land, bare, grim
An' frozzen deep as jilted lassie's sigh.

Smerl bords, bar them the neet hes still'd, appeor
    Fluff'd roond above thin claas, an' peck aboot
    Amang the crumbs in pity scattor'd oot
An' hop as close as hungor tames thor feor.

Erl norves an' busy, flickin' tail an' wing,
    Born up the bait as sharp as time itsel;
    Nee thowt but keep alive a forthor spell
Agin the days when Springtime bids them sing.

An' what o' folks, thin-bloodied, feathorless
    That seek thor clivvor ways ti git an' spend?
    Werm claes, thick werls, a lardor full to fend
The chill from oot thor bones, - they want nee less.

Smerl needs denied is aye wor blackest crime, -
    For Nature's Law o' weakest ti the werl
    On folks an' bords alike we've seen can ferl,
When Self stands loveless by at Christmas time.

THEN AN' NOO

Last neet me dreams slipt back them monny yeors, -
      Ah wes a laddie nobbut three yeors aad,
An' erl me world wes mothor-love, wheor teors
      Wes dried bi kissin' bettor; an' me dad,
Rough tweed an' baccy smell, wes erlwis theor,
      Big airms ti shield us from the ferlin' sky;
Ah toddled, laugh'd an shooted, free o' fear,
      Wrapp'd roond wi' comfort, cuddled safe an' dry.

This morn Ah woke ti find me grim Today
      Ootcryin' truth, - nee mair o' bettor kissin',
Nee gentle lips ti soothe the horts away,
      Nee trusty hand ti guide the lost an' missin'.

What ownly noo can stay the slings o' strife
Is wits self-glean'd i' bittor fields o' life.

THE WHEE'S DEID COLLUM

Wor Lizzie wes readin' the Journal the day,
    Hor mooth erl pinch'd an' sollum;
Nee need ti ask what bit she's at,
    It's cerl'd the Whee's Deid Collum.

"Ah see that owld Whatsit theor's gitten away,
    It says he' deid i' the papors;
They wore erl kinda half expectin' it, mind,
    Accordin' ti the neighbors"

"He's had sic a gey poor look for weeks,
    That shabby aroond the knees;
Ah'm wond'rin' whee we'll be readin' o' next,
    'Cos they erlwis gans i' threes"

"When ye think hoo he' gitten away that sharp,
    Ah wes ownly just sayin' ti Nan;
An' Ah see that the fun'ral's this eftornoon, -
    Nee cerl for ye ti gan"

"Ah might trot alang for a bit theor mesel,
    But the forecast speaks o' shooers;
So Ah'll just werlk up ti the Cemetry then,
    An' read whee sent the flooers"

"Ah wondor what did for 'im theor at the last,
    They say it wes mebbies hes heort;
An' it says he wes nobbut just fifty nine, -
    Whey, yon's a lee for a steort!"

"Ah know for a fact he wes owldor nor that, -
    When wes it they burried yor feythor?
'Cos he wadda bin nigh on sivinty noo,
    An' they baith went ti school tigithor"

"It's twenty eight pee for the papors the day,
    An' looka the news they bring;
Thore's nowt but mordors an' strikes an' rapes,
    An' ye canna believe a thing!"

He'd a sistor what merried yon chep doon sooth,
     An' verry soon eftor she deid;
An' diddent he hev a young brothor an' erl,
     Wes no just reet o' the heid?"

"Ye mind on hes cousin that went ti the bad, -
     Wes erlwis a bit of a nowtor, -
What took a hord's job at yon place ootbye,
     Then hed ti merry the dowtor?"

"Mind, hes mam wes that scruffy, Ah erlwis thowt
     She'd be neen the worse o' a scrub;
An' they say that hes feythor could drink like a fish,
     He wes nivvor oot the pub"

"Neebody'd a good word ti say aboot them, -
     Ah feel sorry for hes wife;
She's nowt but a slut the way she keeps hoose,
     But he's led hor a helluva life"

She'll likely be sheddin' some cross-eyed teors,
     But it's just what ye'd expect;
Weel, - when ye bin merried for erl them lang years,
     Ye hatta show some respect"

"They say .... that the second wee laddie woren't his,
     An' mebbies the thord yin as well;
Mind, wi' erl them freckles an' gingor haor,
     Ye've ownly ti look, - ye can tell!"

Man, Ah hope she's bin weel provided for,
     'Cos ye know what folks is sayin';
An' she's no erl that bad lookin' but,
     She'd dee worse nor merry again"

"It'll no be for want o' the askin', mind,
　　She'll manage if onnyone can;
Oh ay, - Ah've seen then theor up the Lynn, -
　　Hor an' hor fancy man!"

An' the gossip rowled on like a rivor i' spate, -
　　So Ah quietly clos'd the door,
As Ah left for the pub aboot half way thro',
　　'Cos Ah'd heord it erl afore!

YIN FOR THE ROAD

Noo hev anithor nip, man, - git hor doon ye!
    She'll werm yor belly, cheor yor heort an' blood;
Far better nor that coat ye've wrapp'd aroond ye,
    She'll keep the caad oot, - dee y'a world o' good!

The words ring oot that bowld when freens is met,
    An' canny rin the merry minutes tee,
When grips o' worries that ye wad forget
    Flee aff an' loss thor had on memory.

Aye hev yor fling, nee thowt o' price ti pay
Wi bornin' eyeberls, splittin' heid next day, -
    The thoosand thund'rin' hooves o' yon hoose cat,
    As't quiet strowls oot ower the proggie mat, -
An' worst of erl, yon naggin' voice o' scorn, -
"Ye beggor lad, but will ye nivvor leorn?"

WOR PLACE

Erl ye folks i' the toon that find life sic a bore,
    An' hev nithin' ti dee but complain;
While ye dont hardly know them that's livin' next door,
    As ye queue for yor bus or yor train, -
Come away up ti wor place, an' bide heor a spell,
    An' it's sharp ye'll git shot o' your blues,
Wheor ti sooth lies the lang ridge o' Duntorley Fell,
    An' ti northword stan's owld Callor Hues.

Y'ore away from the clattor o' harsh orban soond,
    An' the aor is much puror an' sweet;
Wheor the vandals an' muggors is scarce on the groond,
    An' ye'll know ivv'ryone i' the street;
For ye'll nivvor be lownly for gossip or news, -
    Mebbies part o' some scandal yorsel! -
Wheor ti north stan's the bowld crags o' owld Callor Hues
    An' ti soothword lies Duntorley Fell.

Thore are some say w'ore sleepy, an' some say w'ore deid,
    Wi' thor kind condescensions an' grins;
But Ah fancy them folks is gan wrang o' thor heid,
    What wi' suppin' thor vodkas an' gins;
Let them stop wheor they are i' thor greet vicious hell,
    Ah' Ah'll bide wheor w'ore free from abuse,
Wheor to sooth lies the lang ridge o' Duntorley Fell,
    An' ti northword stan's owld Callor Hues.

Ye can wandor aboot i' them placies they say
    That the climate is temp'rate an' mild;
But gan theor onny day from the middle o' May,
    An' the tourists hev gat the place spiled;
So ye'd best bide wi' us, man, ye've nithin' ti loose,
    An' ye'll sleep heor as soond as a bell,
Wheor ti north stan's the bowld crags o' owld Callor Hues,
    An' ti soothword lies Duntorley Fell.

For when Ah meet a man that's unhappy i' life,
    An' is lookin' for sweet peace o' mind;
For a quiet retreat wheor hesel an' hes wife
    Can some canny bit friendliness find;
Ah just say when he asks us the best place ti dwell,
    That thore's ownly one spot Ah wad choose, -
Wheor ti sooth lies the lang ridge o' Duntorley Fell,
    An' ti northword stan's owld Callor Hues

BELLINGHAM

SPRING I' REDESDALE

Ye can tell it's spring i' Redesdale bi the caad o' eorly dawn,
The droopin' o' the daffydils, the rind that's on the lawn,
An aad yowe i' the dykeback hes just dropt hor lambs, - still
           born, -
 Yin grand spring morn.

It's surely spring i' Redesdale when the wind is i' the east,
The feor o' the staggors's on the lean an' hungor'd beast,
The hypermagnesaemia, - ti say the varry least, -
 She's spring's great feast.

The wintor's past i' Redesdale when the weeds begins ti grow
An' starts ti push thor ugly heids up thro' an inch o' snow,
But wheor the hell the grass hes gone, Ah'm beggor'd if Ah
          know, -
 The spring's that slow.

That time o' year i' Redesdale when it's ower the wellie tops,
The glaur an' clarts is ivv'rywheor, thore's sleet an' slush an'
          slops -
"If this gans on much langor, thore'll be some gey poor crops
 What time spring stops!"

Ye'll know it's spring i' Redesdale 'cos ye'll nivvor see the sun,
The shephord's boots is leaking', hes collie winnit run,
The corbies laugh thor heids off 'cos thore's wattor i' hes gun,
 The spring hes sprung!

They cerl it spring i' Redesdale when the sky is grey an' sad,
Thore's nee milk at the gimmors, an' the calves is skittor'd bad,
The cuddy's gitten colic, an' the farmor's gitten mad,
 As spring taks had.

Ah love the spring i' Redesdale when the lark begins ti sing,
He leps up oot the soggy bent on wet bedraggl'd wing,
A weak apologetic cough comes oot the poor wee thing,
    Hes song o' spring.

A sign o' spring i' Redesdale's when the frost'll lift bi noon,
The swallie's fleein' sooth agin, she come a month ower soon;
Ah've nivvor heord the cuckoo yet, darsay she'll come i' June,
    Wi' hor spring tune.

It's spring erl reet i' Redesdale when the hens begin ti lay
Them shapeless things that hev nee shell, the far end o' the hay;
Wor bones an' joints feel February, the calendor says May, -
    Spring's on hor way!

It's erlwis spring i' Redesdale when the wintor's gittin' worse,
An' folks speak o' the weathor wi' an agricult'ral corse;
She torns them inti cynics, like the wreetor o' this vorse, -
    It's spring o' corse,
        I' bonnie Redesdale!

ADDRESS TI THE NORTH EAST WIND

Ye north east wind that bittor blows,
Hoo snell aroond wor lugs ye goes,
There's nee one happy when ye shows,
    Yor cruel hand,
Least welcome breeze a body knows
    In erl the land.

Ye chill us wi' yor shooers o' sleet,
Ye nip wor fingor ends an' feet,
Ye freeze the blood of erl ye meet
    Alang yor way,
An' sing yor weory heortless bleat
    Erl thro' the day.

As lazy wind as ivvor blew,
Ye'll no gan roond us, just faor thro';
Man nivvor wove a sark o' woo'
    Ti torn yor blast,
An' we mun shivvor't oot ye noo,
    What time y'ore past.

Wi' top-coat button'd ti the chin,
W'ore proof agin ye, - 'til we fin'
Wor lang-john linin's worn see thin,
    Thore'll nivvor dee,
An' baith wor legs is gannin' blin'
    Below the knee.

Wor aches an' pains gans throbbin' mad,
Wor frozzen fingors gits nee haad,
Var' nigh tak off wor lugs, ye wad,
    Wi' nee excuse,
An' ivv'ry face is lang an' sad
    At yor abuse.

Ye've nee respect for time o' yeor,
Ye still blow caad when summor's heor,
An' hill-yowes stan', just oot o' sheor,
    Wi' kissent look,
While holla-bellied lambies bleor
    For want o' sook.

Y'ore ower the hill, across the slack,
Y'ore up wor sleeves an' doon wor back,
An' wheor thore is the smerlest crack
    Below the door,
Hoo snell ye whistle on your track
    Alang the floor.

Ye starve the poor an' freeze the rich,
An' nivvor bother which is which;
By hell, ye are the cowldest bitch
    Ah've ivvor knaan, -
Ye fetch the snotties doon me snitch
    The days y'ore blaan.

Howway, ye bittor blast, giv' ower,
Gan back ti th'Arctic wi' yor glower;
Ye've shawn us that ye hev the power,
    Ti starve us erl,
An' aye y'ore maistor o' the hour
    We heor your cerl.

Yor porpose is no far ti seek,
Ye sharp sort oot the poor an' weak,
An' leave the countryside erl bleak, -
    Noo torn you face,
An' let the kindlior winds an' meek
    Bring wermor days.

FOGGY OOTBYE

Yin day as ower the fells Ah cross'd,
When autumn's beauty hed bin lost,
An' erl hor withor'd leaves lay toss'd
    Doon on the land,
An' aad Jack spreid hes silvor frost
    Wi's hoary hand, -

Up ower the bent wi' creepy glide
The mists come on us, sworlin' wide,
An' hald us in on ivv'ry side,
    Lost an' alane, -
Nee place ti run, nee place ti hide,
    Nee comfort gain.

It wes a world o' silent caad,
That dour an' weord, ye beggor lad,
Belike to drive a body mad
    An' startle dowts,
As grim shapes took a fancy haad
    Upon me thowts.

At twenty yeords Ah hardly sees
Dim ootlines o' the naked trees;
Thore wes nee stor, nee wind nor breeze
    Agin me face, -
A white hush, like some fell disease
    Hed smit the place.

Unsure, uncanny, bi mesel,
Erl catch'd up i' yon driftin' cell
That follor'd us alang the fell
    As Ah wes gan' -
Var' nigh the neorest thing ti hell
    For onny man.

Ah come oot i' a clammy sweat,
Inside an' oot wes wringin' wet,
See thick aroond the fog wes set,
      Like soup gan caad;
Ah wad hev gi'en the world ti get
      From oot it's haad.

But just as prayors erl seem'd i' vain,
An' norves wes snappin' wi' the strain,
She slowly lifted up hor train
      From off the fell,
An' God's greet sun brok thro' again,
      An' erl wes well.

all

THE BACK END - EORLY

When thick the swallies gathor on the wiores ivv'ry day,
Forbodin' wi' thor chattor that it's time ti be away, -
When robins stake thor wintor groonds wi' fiorce little sangs,
An' combines fill thor bellies wi' the barley wheor it hangs, -

When trees aboot the lonnens gits a canny touch o' gowld,
An' bushies bent wi' berries points a January cowld, -
When folks is lifting' tetties, an' it's time for showin' leeks,
An' thore's footberl i' the papors noo for weeks an' weeks an'
weeks, -

When the cricket season's ower, - when the hay's bin won an' led,
An' the goose-flesh spoils your suntan as y'ore strippin' off for
bed, -
When the hoosewife shakes the mothberls oot the lang-johns stor'd
away,
An' she looks ti find hes thickor socks afore thore's hell ti pay, -

Then it's .....
Go summor, - blow summor, - heids hing doon, -
Lost is yor green as it torns ti a broon;
Gi'e's noo yor harvest, the wealth that y'ore worth,
Food for erl creatures that bide on the eorth.
An' it's .....
Sigh summor, - die summor, - heids hing low, -
Mak way for autumn, the Reid Yella Show.

THE BACK END - LATE

When fogs blot oot the mornin' sun that's low an' shy o' power,
An' rooks flee hame at tea time as the clocks gans back an hour, -
When bright the bonnie stars blink doon the eorly dark'nin' sky
Ootshinin' erl the flooers that hev laid thor glory by, -

When trees is standin' stark asleep, thor leaves aroond thor feet,
An' the shephord on the fellside leans hes body ti the sleet, -
When forecasts speak o' snow high oot, an' rivvors runnin' wide,
An' y'ore sittin' at yor breakfast when it's black as pitch ootside, -

When the pains ye hed this time last yeor, yor tensions an' yor
                                                         chills
Is fillin' up the sorg'ries wheor th'ore lashin' oot the pills, -
When it's neets afront the fireside noo, an' telly withoot end,
Wheor th' Admen's shootin' - "Christmas bargains, - spend, spend,
                                                         spend!"

Then it's .....
        Come frost, - numb frost, - sweet clean rime, -
        Hadaway th'aad decay, harden up the slime;
        Oppen up the pores o' the land wi' yor breeth,
        Brek doon the eorth wi' yor caad icy teeth.
An' it's .....
        Creep frost, - deep frost, - clean sharp bite,
        Glint wi' yor diamonds the lang wintor night.

GREY WINTOR

When wintor's sulkin' grey ahint the sky
An' lead clood cortains blind the sickly sun, -
When days is draggin', time but lumbors by
An' we mun prog the 'oors ti mak them run.

What sack-cloot dress this weory weather weors,
Nee glintin' frost, nee cloak o' downy snow!
Hor raw, mean face is petted, close ti teors
A sad an' feckless January show.

Wheor's noo hor bonnie bittor white-oot days,
Hor dancin' flakes that feathor softly doon?
Then whorl an' drift the narra country ways,
An' stitch the trees a bonnie bridal goon?

For yon's a bettor gan-on onny way
Than ivvorlastin', nivvor-let-up grey!

THE FAITH O' MARCH

Thore is a month that folk cerl March,
    Wi' dark days erlmaist ower,
When mebbies ye've no far ti sarch
    Ti find some eorly flower.

The time o' spring is var' nigh heor,
    She's greenin' erl aroon',
But no a month in erl the yeor
    Hes see much up an' doon.

Yin day we feel the west wind blow,
    An' ivv'rything is grand;
The next is grey wi' sleet an' snow,
    An' weory erl the land.

Tak heort but, lads, we'll no be bet
    Bi ivv'ry bittor blast, -
We know the spring is comin' yet,
    An' wintor'll soon be past.

Ah've heord the thrush try oot hes sang,
    Ah've spied the rook's new nest;
Ah reckon it'll no be lang
    Afore the hedge is dress'd

The shavie weors hes pinkest coat,
    The buds begins ti swell,
The curloo's forst lang bubblin' note
    Comes echoin' ower the fell.

The oystorcatcher's comin back,
    Ah heor hes hantin' cry;
The jenny wren looks for a crack
    Ti build in bye an' bye.

The bummlor seeks the honey taste
I' yella crocus flooers,
An' minds us that we shouldna waste
The langor dayleet 'oors.

The dippor's built below the dam,
An' laid hor clutch o' eggs;
An' seesta yon forst inbye lamb
On tott'rin' steggy legs.

The cushat's strippin' erl the greens,
The blackies git i' tune;
Aad Harry thinks o' sowin' beans,
Me rosies need a prune.

The forst o' erl the daffydils
Noo hings hes gowlden heid;
The chorp o' matin' spuggies fills
The aor wi' orgent need.

So life springs oot from 'mang the dead.
An' Eastor's on it's way, -
Had fast the Faith that forst wes bred
On Resurrection Day!

END O' A LAMBIN' DAY

The leet is fadin' 'cross the fell as Ah torn hame for lowse, -
Anithor lambin' day is ower, an' just a score o' yowes
Hes yet ti lamb - an', man, Ah'm croose we've gitten this far thro'
Without the troubles that we've hed the past springtime or two.
Ah'm glad we gat the yowes erl dipp'd that day the tuthor week,
For nowt Ah've handled see far's shawn the least bit sign o' teek;
Thore wes some kebbin' eorly on, an' a billy lamb wes hang'd,
Yin yowe gat roppled i' some wiore, an' var' nigh chowk'd
                                             amang't;
Twa gimmors waddent tak thor lambs, - they hed a mind ti shun
                                             them, -
They'd little milk theor at the start, but noo it's comin' on them.
Some lossies 'mang baith yowes an' lambs ye'll aye git ivv'ry yeor,
An' awkword bits o' moth'rin' tee, but nowt we cuddent steor.

Owld Moss is clivvor at yon lark, an' works away amain,
Just showin' eye she'll sharp fetch yowes back ti thor lambs again.
Whey, - just the day we fund a yowe, - an awkword lookin' bitch, -
Hed wandor'd off an' left hor lambs cowpt in a muckle ditch;
So while Moss gat hor roonded up, Ah lifted oot the paor,
But she wessent just like takin' them, an' diddent seem ti caor;
We set away ti drive hor then the half mile ower the fell,
An' for the neet Ah hev the three noo barr'd up i' the stell.
Ah cowpt the yowe an' gi'e the lambs some sook ti keep them
                                             gannin', -
The morra's morn Ah reckon we can hope ti find hor stannin'.

Noo leanin' ower the inbye gate Ah gits me pipe aleet,
An' wetch the sweet blue smoke corl up the soft an' windless neet;
A curloo glides doon ower the slack, - hes weord bubblin' sang
Is like a closin' ev'nin' hymn the quiet hills amang.
A paor o' yowes hes bedded doon ahint the Rowan Wood,
Ah heor thor anxious bleatin' comin' slavv'rin' thro' thor cud;
Ah see thor lambies playin' dunch, an' buttin' wi' thor heid, -
It's aye the same when folk's bairns'll no tak onny heed.

Owld Moss's muzzle at me knee is nudgin' us the hint
That hungor grips the sharpor when yor belly's gat nowt in't.
Me hand gans doon ti stroke hor heid, - "Ay, lass, it's time w'ore
hame, -
We've baith put in a canny day, - me belly feels the same;
Ah musta trudg'd a score o' miles, but ye've rin ten times mair, -
It's supper noo for us, then bed, - w'ore achin' weory sair!"

We cross the pastore ont' the road, it's easior gannin' theor,
An' me stride gits that bit langor when Ah see the farmstead neor.
The swallie's back Ah'm glad ti note, he' swoopin' roond the shed
An' catchin' suppor on the wing afore he gans ti bed.
Ah wondor what she hes for us, - Ah divvent fancy flees!
It's mebbies stew an' tetties, then a muckle hunk of cheese;
Ah waddent mind some hame-fed ham, a steamin' mug o' tea, -
'Fact owt ti eat'll dee for us, the hungor that's on me.
An' then it's int' the easy chaor, me hands across me belly,
Ti find oot what the world's bin deein' accordin' ti the telly.
But Ah'll no be spendin' much time theor, it's sharp ti bed the neet,
For soon's the pilla hads me heid, Ah'll gan oot like a leet.

Ah find these fancy comfort thowts just rinnin' thro' me heid
As Ah'm standin' bi the byre door, an' givin' Moss hor feed;
Mind, dreams an' hopes is canny things, but's ownly facts is real,
So Ah'm for gittin' int' the hoose an' sat doon ti me meal.
Ah lifts the sneck o' wor back door, an' then Ah heors hor shoots, -
"Ye needent think y'ore comin in heor in them greet clarty boots!"
Man, - when it comes ti females thore's a lesson ti be leornt, -
Tho' ye treat them nice an' canny, divvent look for praise ye've
eornt;
Ye spend erl day oot on the fell wi' ten score lambin' yowes
An' ye nivvor hit nee trouble 'til ye git back hame for lowse!

65

THE OWLD FARMOR'S ADVICE

Just two things kills a yowe, Ah'm towld,
    An't's no see varry wrang, -
She's eethor gitten some bit cowld,
    Or else she's lain ower lang.

For if she's ta'en it int' hor heid,
    (An' whee's ti stand an' blame hor?)
That's time she laid hor doon an' deid,
    Thore's nowt'll stop the flamor!

Thore's sic a yin ahint yon tree,
    What's gitten a touch o' fluke, -
Just wetch hor theor, she's ganna dee,
    She hes that middlin' look.

Away inti the keb hoose, man,
    An' git yor spaud an' sho'el,
Afore the morra's morn y'ore gan
    Ti hev ti howk a hoel.

A canny howk's no hard ti find,
    Keep cleor o' muckle stauns,
But divvent mak yor diggin', mind,
    On toppa onny drauns.

Noo handy ti yin side ye lay
    The sods ye've cutten oot,
An' keep the tap-soil fra' the clay, -
    Put back, they'll bettor root.

An' when ye've howk'd a good shank deep,
    The sides git kinda streight;
Then fetch an' drag yor stinkin' sheep,
    The hintlegs ta'in' the weight.

Pull aff the woo' reet tiv hor neck, -
    Comes bettor when she's green, -
When ye git hame wi't in yor seck,
    They'll erl ken wheor ye've been.

Noo int' the hoel heave-ho the lass, -
   Then borst hor wi yor gully!
Nee sense ti burry erl that gas
   What's blaan oot hor belly!

As ye fill in keep possin' hor doon
   Wi' baith yor hobnail feet,
An' what sticks up git kinda roon'
   An' mak the job look neat.

Clag on the sods as they come oot,
   An' lay them green side up!
An' no like yon greet paddy cloot,
   Wes sent ti burry the tup!

But divvent bray them doon ower hard,
   Ye'll brek the aad spaud shank!
Them cost a fortune bi the yard, -
   Nee money at the bank!

A canny job weel done, Ah'll doot
   The foxies winnit find hor;
Deep howk'd, poss'd doon, nee stink gets oot,
   An' so they'll nivvor wind hor.

Ah mind the worst yowe's grave Ah seen
   Wes shalla, ower a draun;
Next morn we fund the fox hed been
   An' howk'd hor up agaun.

Noo let the wind blaa thro' yor claes,
    An' come the lang way hame,
Or th' aad wife's tongue'll gan the pace,
    An' cerl yor Sunda' name.

Ah let the wimminfolk yak on
    When ye git hame for lowse,
Thore's neen o' them Ah wad tak on
    At burryin' deid yowes.

An' when t' the job y'ore wermin', lad,
    Oot i' the cowld wind's blast,
Mind on that i' the farmin', lad,
    Yor forst howk's no yor last.

ON WOR OWN

Me senses reel 'mang crooded orban scenes,
    An' wince ti heor thor mad lug-brekkin' din,
    While carbon fumes chowk ivv'ry breathin' in
O' puppet men; an' clattoring' machines

Pour poison, rip the norves an' splintor peace.
    Did God create wor world ti be like that,
    The concrete jungle lair o' racing rat,
Wheor feelin's corl up roond the edge, an' cease?

O spare us from the horror o' yon maze,
Wheor life's play'd oot i' clashy minor keys
An' Derg-eat-Derg's the ownly law that's known.
Just set us canny but, some quiet place,
Wheor aors is scented sweet bi whisp'rin' trees,
Ti stand, an' look an' listen, - on wor own.

YON MAGAZINE

Me heort inclines
Ti liltin' lines,
    That nivvor jars nor torns,
Ti rhymes that tript
Aff Kipling's lip
    Ti sangs o' Robbie Borns.

Tom Hardy's thrillin'
Meetors, - Willi'm
    Shakespeare's five greet beats,
The odes o' Porcy
Shelley, or see
    Sweet a voice as Keats.

Blind Milton's lot,
Sor Wattie Scott,
    The pen o' Ruport Brooke;
A simple sang
From John Betjeman, -
    It's erl theor i' yor book.

But hev ye seen
Yon magazine?
    Arts Council subsidised!
If it wore bann'd
Reet oot o' hand,
    Ah waddent be sorprised.

Inside erl grace
Hes given place,
    Bi some grim Muse's corse,
Ti mod'run scan-
-less slavvor, man,
    Thor wreetors thinks is vorse.

For theor ye'll find
Nee poet, mind
    That says just what he means,
But hes ti keek,
An's fancy seek
    In empty cans o' beans.

THE LANG PACK

as recorded on

THE BLUE TAPE

Contents....................

THE BALLAD O' THE LANG PACK

Cock back yor lugs, me bonnie lad,
    An' listen ti me story, -
Heor hoo the pedlor from hes back
Lit doon hes lang an' lively pack,
An' left it ti a fate as sad
    As it was grim an' gory.

The yeor wes sivinteen twenty three,
    The time me tale is towld, -
A colonel o' the Ridley clan,
A rich an' canny-thowt-on man,
Browt hame from far across the sea
    Much silvor plate an' gowld.

Hard bi the banks o' owld North Tyne
    Way doon a clarty lonnen,
He took Lee Harl, yon eerie hoose,
'Mang twisted elms an' dark'nin' spruce,
(Ah waddent bide theor neets alane
    For erl the money gannin'!)

Within its werls, despite thor gloom,
    The colonel made hes hame;
An' theor he liv'd a lordly life
Wi's dowtors an' hes lady wife,
An' ivv'ry gracious, spacious room
    Wes fornish'd wi' hes fame.

Yon back end, when the leaves come doon,
    An' frosts drew in the neets, -
As North Tyne wintor's hard ti stan'
The Ridley ladies made a plan
Ti flit away ti London Toon
    Amang the city leets.

They'd tak up wi' the glist'nin' thrang
    An' while away the 'ooers
At gossip an' flortation berls,
Erl etiquette an' social cerls,
An' no come back 'til swallie sang
    Wes welcomin' the flooers.

Noo reckon Colonel Ridley's plight
    When this gat ti hes eor, -
He rais'd a lone objectin' voice,
Yet knew he hed gey little choice
But gi'e in ti thor plans for flight
    An' safe convoy them theor.

As from Lee Herl they erl rode owt
    Afore the snows come driftin',
He left ahint good sorvants three
Ti guard hes wealth an' proporty,
Weel knowin' North Tyne lads think nowt
    O' deein' a bit o' liftin'.

Young Alice theor, the sorvant lass,
    Ti see the hoose torns done,
An' Dick the shephord wes ti keep
An' feed the cattle an' the sheep,
Wi' Edward tee, as bowld as brass
    An' handy wi' his gun.

The colonel left them ordors strict
    'Ginst borglory an' stealth, -
Nee mattor whee come theor an' knock'd
The door must nivvor be unlock'd
For feor he gat hes silvor nick'd
    An' erl hes othor wealth.

They'd hardly bin a week away
    When winter set in sair,
An' footsteps made but little soond
As thick an' heavy on the groond
The silent driftin' snowflakes lay,
    As mair pil'd on ti mair.

That night she cleor'd, the frost fell hard,
    An' screech owls come astor;
A big full moon rose thro' the trees,
A dark hunch'd shadder seem'd ti freeze,
Then hobble slowly 'cross the yard
    An' poond upon the door.

Young Alice drowsin' bi the fire
    Lep up wi' sic a fright;
Then, mindin' what the colonel'd said,
Crep ti the door wi' wary tread,
An' thro' the keyhole made enquire, -
    "Whee is't? - this time o' night?"

"A Pedlor!" - come the answor bowld, -
"Howway an' oppen up!
Wi' this greet pack, a heavy load,
Ah've come a lang an' weary road;
Ah'm hungor'd, achin', clemm'd wi' cowld, -
    Could ye but spare's a sup?"

"Not on yor life!" - cried Alice shrill, -
    "A likely tale ye spin!
Tho' snows lie deep an' frosts is hard,
Me ordors is - the door stops barr'd!
Tho' hungry, weary, faintin', - still
    Ah waddent let ye in!"

"Then hinney" - said the pedlor, sore, -
    "Ah'd best be on me way;
But ownly let me leave me pack,
Ah'll cerl for it as Ah come back, -
Just let hor bide ahint the door,
    Ah'll pick hor up next day."

The lassie's heort began ti melt,
    Hes pleadin's charm'd hor eor;
She pull'd the door just oppen wide
Enough ti git the pack inside, -
"But ye stop oot!" - she quickly yelt -
    "Nee strangors comes in heor!"

As Alice clang'd the great door shut,
    The pedlor torn'd ti go;
Nee langor weigh'd doon bi the pack,
He march'd oot wi' hes shuddors back,
An' hes lang lowpin' strides soon cut
    A passage thro' the snow.

The pack wes mebbies five foot lang,
    An' ower two foot wide;
An' Alice thowt 't a muckle thing
For onny pedlor chep ti bring;
She hoped she heddent deen nowt wrang
    Bi lettin' it inside.

Hor doots she cest oot of hor mind,
    An' went back ti the fior;
Afore she settled in hor chaor
She bent ti pick the coll up theor
An' rak'd some smerl coals from behind
    Ti mak the flames lep highor.

She drew horsel up closer then
    So's she could feel the heat;
When suddenly thore come a soond, -
A kinda scrattin' 'lang the groond, -
An' listen! Theor it wes again!
    Hor heort just skipp'd a beat.

She lit the candle at the flame,
    An' as it glimmor'd faint,
She crept a-tiptoe 'cross the floor,
Ti wheor the pack lay next the door,
An' cross'd horsel an' cerl'd the name
    Of her protective saint.

Hor throwt wes dry as desort sands,
    She scarce could raise a shoot;
Wi' goggle eyes she wetch'd the pack
Rowl slowly ower on its back, -
An' wi the shakin' o' hor hands
    The candle guttor'd oot!

She stood theor tremblin' heid ti foot,
    Held fast as in a dream, -
Struck dumb wi' terror an' wi' shock
A full half minute bi the clock, -
Then, findin' voice at last, let oot
    A maist uneorthly scream!

Hor cries browt Edward at the run,
  The deid enough ti waken;
The backstaors clattor'd neath hes heels,
See dark he var' nigh cowpt hes creels,
Yet kept fast had o's fav'rite gun
  That he cerl'd 'Copenhagen'.

Owld Dick, a lanthorn at hes side,
  Come pantin' from the back;
He took the lassie in hes airms
As comfort ti hor wild alairms,
An' theor wi' heavin' sobs she cried,
  An' pointed ti the pack.

She telt them hoo it come ti pass
  The pedlor'd left it theor,
An' hoo the colonel'd gi'e hor wrang
For takin' in that pack see lang;
But owld Dick whispor'd, - "Hush noo, lass,
  Sit doon heor i' the chaor."

But still wi' eyes from weepin' red
  She star'd doon at the thing, -
"Ah saw it move, - Ah did!" - she cried -
"The De'il hesel mun be inside!"
"Twad be a trick" - Dick quiet said, -
  That candleleet can bring."

Yet as them varry words he spoke,
  Upon hes lips they died,
For theor afore them on the groond
The pack giv' oot a moanin' soond
An' then a kinda gaspin' choke
  Wes heord from deep inside.

An' raisin' Copenhagen's stock
  As quiet as a moose,
Young Edward cock'd the hammor back,
An' takin' good aim at the pack,
Let bleeze! - an' sic a thund'rous shock
  Resoonded thro' the hoose!

"Noo yon'll fettle th' owld De'ils hush!"
The bowld young laddie cried;
Wi' startled eyes they doonward peor
Thro' gun smoke thick an' slow ti cleor,
An' from the pack they see a gush
O' blood run spreidin' wide.

As ower alang the cowld stane flags
Yon crimson rivvor slorps,
They tremblin' kneel ti louse the straps,
The buckles an' the leathor flaps,
An' from the claggy pack they drags
A mangled bloody corpse.

Young Edward stood an' hung hes heid
I' shame at what he'd done;
He knew it wes a sin to kill, -
He'd nivvor stopp'd ti think, - but still
Afore him lay the victim - deid!
An' in hes hands - the gun!

But nee sic feelin's worried Dick,
He wes o' storner brand;
The school o' life hed made him wise,
An' sharp enough ti realise
The whole thing wes some cunnin' trick,
An' evil deeds wes plann'd

He search'd amang the clammy gore
Ti find some vital clue;
Aroond the deid man's neck wes slung
A length o' cord, - an' on't wes hung
A horn like them a huntsman bore
Ti soond the cry 'hulloo'.

"Ah ken thor plans, ye noo" - Dick cried, -
"Yin blast upon this horn
Wad be a signal that the door
Wes oppen'd up, so that some more
Bowld reivin' cheps could git inside
An' rob the place the morn!"

He telt young Edward not ti fret,
    But hurry oot wi' speed,
An' summon quickly ti the Herl
Thor friendly neighbors yin an' erl, -
Ti come as fast as they could get
    In this thor hour o' need.

So, 'mang the shadders o' the trees,
    Aye keepin' oot o' sight,
Went Edward rousin' neighbor folk
Thor muskets an' thor guns ti·yoke,
Erl fit an' ready for the bleeze
    That wad be made that night.

When i' the hoose they erl wore met,
    In answor ti the cerl,
Dick hed hes plans o' battle drawn,
An' lang afore the comin' dawn
A gun wes at each winda set
    Aroond that famous Herl.

When erl wes ready, calm an' still,
    The bright moon ridin' high,
Dick blew three blasts upon the horn,
An' heord three answors i' thor torn,
An' ivv'ry gun at ivv'ry sill
    Wes cock'd at yon reply.

Deep silence reign'd, - an' then a soond
    O' muffled trampin' feet
Come ti thor eors, an' soon they saw
A band o' men, - aboot a score -
Come marchin' ower the snow-clad groond
    That cleor i' full moon leet.

Inside they feel the tension rise,
    An' knowin' looks exchange
That best it wes ti hold thor hand
An' wait until the robbor band
Come close enough ti see thor eyes, -
    Reet inti canny range.

The robber leador rais'd hes airm,
  They halted wheor they wore;
He quiet blew upon hes horn,
An' when Dick answor'd it i' torn
They thowt thore wad be nee alairm,
  So rush'd upon the door.

"Noo let 'em hev hor!" - came Dick's cry,
  The guns spake ti a man;
The robbers set back on thor heels
As fower bodies cowpt thor creels, -
An' seekin' not ti reason why
  The rest torn'd roond an' ran.

One volley fior'd, the battle won,
  The cowords erl hed fled;
Owld Dick the shephord hed fund oot
Thor cunnin' plans ti lift the loot;
He'd met them ready gun for gun
  An' fower theor lay dead.

But when the moon set i' the west
  An' hour afore dayleet,
I' darkness then they crept back doon
Ti lift thor deid, for feor that soon
From them the folks might ken the rest
  That came as thieves that neet.

So when the sun rose on the morn
  Nee bodies could be seen, -
Just fower dints wes i' the snow,
Just fower pools o' blood ti show
That theor some time afore the dawn
  The fower deid hed been.

Then werm'd bi plenty breakfast cheor
  That Alice hed on hand,
The victors o' that grim affray
Lous'd hameward on thor snowboond way;
But none could tell the folks just wheor
  Hed gone the robbor band.

An' whee it wes, wes i' the pack
　　That fell ti Edward's shot,
Reet ti this day remains unknown;
Thore wes neebody that could own
Ti ken hes name, - see greet a lack
　　O' evidence they got.

When Colonel Ridley hurried hame
　　On news o' this affair,
Hes servants true he weel rewarded,
An' from the proporty they'd guarded
He gave a gift ti each bi name,
　　Accordin' ti thor share.

The colonel erlso wes at pains
　　Ti see erl things done reet;
An' so he ask'd St Cuthbort's priest
That Christian burial at least
Be given ti the dwarf's remains
　　Shot thro' the pack that neet.

The priest the fun'ral sorvice gave,
　　They hapt him i' the clay;
An' ower the little victim's back
They set a stane shap'd like a pack;
An' ye can see that varry grave
　　At Bellingham the day.

An' once a yeor, - if ye dar gan, -
　　Mid-wintor's moon at flood, -
Ti yon grave side an' cock yor eor,
A gun shot ye will mebbies heor,
An' groanin's o' a dyin' man
　　That's chowkin' in hes blood.

KIELDOR WATTOR - 1975

Th'ore ganna build a reserwor, nee mattor what the cost,
  Th'ore ganna mak a dam at Yarra Moor;
Hes nee one thowt ti tell them erl the things that mun be lost,
  Afore she's lappin' on hor final shore?

They'll pay the compensation oot ti them that loss thor hame,
  Or mebbies hoose them in anither place;
Will't cerse them onny bother, - will they hing thor heids i' shame,
  Uprootin' them that's liv'd theor erl thor days?

They say wor wattor's needit for big industry on Tees, -
  For seemin'ly she hes neen of hor ahn! -
So, i' the name o' Progress, they want North Tyne, if ye please,
  Ti prospor thor greet Economic Plan!

An' while th'ore busy prosp'rin, will they heor the field mice cerl,
  When risin' wattor's closin' ower thor heids?
Them little droonded bodies piled against thor big eorth werl, -
  A price ti pay for Cleveland's desp'rate needs?

"A price ti pay" - Ah heor ye say, - but whee's ti pay the price,
  The yin ye canna measore wi' yor gowld?
Is't reckon'd up i' millions, or i' the lives o' mice?
  An' dee ye think forbye they should be towld?

Whee's ganna wreet the Wattorhen, (in triplicate, ye know),
  An' tell hor just hoo high ti build hor nest?
Gi'e tables o' the floodin' rate, an' figgors that'll show
  Hoo far up shore ti lay it wad be best?

Whee's ganna tell the Warblors they should lay thor eggs
    elsewheor,
  For feor th'ore floodit oot afore th'ore hatch'd?
Whee'll tell the spawnin' salmon that she canna lep up theor,
  An's floond'rin' doon below until she's catch'd?

Whee'll listen when the wayside flooers is cryin' oot i' vain
    Aginst that flood an' its remorseless spreid?
Or heor below the wattors erl the thistles shoot wi' pain,
    Or daisies groanin' doon among the deid?

Will th'end be sharp an' morciful, wi' days an' days o' rain,
    So's ivv'ry deith by droonin' will be queek?
Or will the creepin' wattors ooze up ivv'ry born an' drain, -
    A rate o' centimeetors bi the week?

Will Shilbornhaugh git covor'd fast? Or happen it'll be
    That wattors lip aginst hor werls for days?
While erl the gawpin' tourists stan' an' wetch hor slowly dee, -
    A greet wet tummel'd ruin withoot praise?

An' when the work is ower, an' she's fill'd up ti the brim,
    A greet blue sheet o' wattor, shore ti shore,
They'll come up i' thor thoosands, an' we'll erl be tellin' them
    Hoo bonnie ran the North Tyne theor afore!

They've startit on yon resewor, - Ah've bin theor an' med sure, -
    Ah feort the Pooers-that-be wes ganna win;
But when they stan' theor smug an' prood atop o' Yarra Moor,
    LET'S SNEAK AHINT AN' HOY THE BEGGORS IN!

HERBOTTLE CRAGS

Ye can find plenty beauty in Northumberland
  I' the views that erl Coquetdale brags;
An' tho' Simonside's bonnie, an' Bilsmoor is grand,
  Hev ye ivvor seen Herbottle Crags?
  Ye've nivvor?
  The beautiful Herbottle Crags?

Tak the road oot o' Thropton, as twisty can be,
  As slowly up Coquet it drags;
But it's weel worth the jorney, Ah think ye'll agree,
  When ye catch sight o' Herbottle Crags, -
  Ye reckon!
  The beautiful Herbottle Crags.

Let the bright rhododendrons on Cragside bloom faor,
  Or let Rothbury hing oot hor flags,
I' the valley o' Coquet thore's nowt can compaor
  Wi' the beauty o' Herbottle Crags,
  Th'ore bonnie!,
  The beautiful Herbottle Crags

Ye can read erl aboot them in erl the owld books,
  Or see photies i' papers an' mags,
But it faor taks yor breeth away forst time ye looks
  On the beauty o' Herbottle Crags, -
  Ye beggor!
  The beautiful Herbottle Crags.

Let the world spin aroond, let the yeors come an' go,
  Let the folks pass from richies ti rags,
Yet the sweet winds o' Coquet for ivvor'll blow
  'Cross the face o' the Herbottle Crags, -
  Up ower -
  The beautiful Herbottle Crags.

TOAST TI THE STOTTIE

Ye've erl heord tell o' Stottie Cake,
Yon staff o' life Northumbrians bake;
The best o' feedin', nee mistake,
      Is aye thor boast, -
Cock back yor lugs then while Ah make
      This loyal toast.

Howway, ye canny crusty face,
The pride o' erl the wheaten race!
Nee ithor breed can tak yor place,
      Nee buns nor tarts
Can see refresh at sic a pace
      The ithor parts.

Ye've aye gan doon i' history
As summat o' a mystory,
'Gin dangor, dread or skittory
      A vast o' cure;
So wheest noo while Ah list ti ye
      Yor famous poowor.

When Scotland's Foworth Jamie King
Ti Flodden browt hes Hieland Fling,
Wor lads sharp garr'd them feel the sting
      O' Stottie's Poowors,
An' left them wearily ti sing
      O' Forest Floowors.

Ye've heord the tale nee doot, Ah guess,
Hoo i' the days o' Good Queen Bess,
The greet Sor Francis Drake, nee less,
      Beat yon Armada;
Weel, - whee supplied the Navy's Mess
      But Stotties Lardor?

Ah fancied Cumborland ti rive
Them Jacobites i' Forty Five;
At Culloden he left alive
      But twa three Scotties;
He kent Prince Cheorlie wadna thrive
      Withoot hes Stotties.

Wi' just yin eye an' just yin han',
Lord Nelson i' Trafalgar's van
Gi'e ordors each Northumbrian
    Mun brace the knottie;
Hie on the mast the massage ran, -
    "Noo splice the Stottie!"

An' as each keelman fill'd hes kite
Them Frenchies erl wore put ti flight,
Thor muckle ships sunk oot o' sight
    Reet ti the bottom;
Mind, - Nelson gat a bonnie fright,
    Some beggor shot 'im!

As ye've read i' yor hist'ry book,
At Wattorloo the Irun Dook
Gi'e ordors ti hes Sergeant Cook
    What they should bake;
So inti battle each man took
    Hes Stottie Cake.

An' just when Boney seem'd he wad
Be ganna win, an' things look'd bad,
Owld Wellin'ton roars oot like mad, -
    "Ay, noo we've gat 'em!
Had fast yor stottie, bonnie lad,
    An' up an' at 'em!"

An' dee ye mind the Foworteen War,
Yon pictore o' Lord Kitchenor,
Wi' hes greet walrus tash an' a', -
    Dis mem'ry hant ye?
Aye pokin' oot a muckle cla'
    An' sayin' he wants ye?

He wessent deein' yon for fun,
He needed lads ti fight the Hun,
An' git the beggors on the run
    Like neb-end snotties;
So arm'd each sowljor wi' a gun
    An' plenty Stotties

Hoo monny boats roond Dunkork lay
Ti tak off wor braw lads that day,
What hed ti plodge oot erl yon way,
  Wet ti thor botties?
They'd nivvor 've sailed from Whitley Bay
  Withooot thor Stotties!

Yon Battle o' Britain when the Few
Shot doon them Dorniors oot the blue,
Them Messorschmits an' Fokkors too
  I' gallant sorties;
Whey! - ivv'ry lad that ivvor flew
  Wes fed on Stotties.

Wor Foworteenth Army beat the Japs,
Them little bowdy leggied chaps,
Wi' boodies fulla muckle gaps,
  An' eyes i' slotties, -
Nee wondor! - chowin' rice-floor baps
  Insteed o' Stotties.

An' far off i' the Falkland Isles,
Them Argies, fulla wicked smiles,
Gat had o' Stanley for a whiles,
  But nowt could make
O' wor lads yompin' erl them miles
  On Stottie Cake!

Them heroes at St James's Park,
Wi numbor nine sew'd on thor sark;
So, - hoo did Gallaghor find the mark,
  Or Supor Mack?
What garr'd Wor Jackie's footwork taalk?
  'Twes Stottie Cyak!

Gan on theor Stottie. bonnie lad,
When y'ore aboot, things can't be bad;
Erl hungry folks is aye that glad
     When y'ore i' sight but,
Yet nivvor happy 'til they've had
     A canny bite but.

So ivv'ry lad an' ivv'ry lass,
Whativvor colour, creed or class,
Just divvent let this moment pass,
     But heed me mottie, -
"The canniest feedin' ivvor was, -
     The bonnie Stottie!"

A POEM'S A SANG

We start these vorses wi' a bang,
An' shoot oot lood, - "A poem's a sang!";
Whee says it's mattorless ti scan,
    Is oot thor mind,
An' folks that think yon way is wrang,
    For'ts nowt the kind.

Just let them argy as they like,
An' erl thor fancy posies strike
Wi' vorse that aye gans hump an' hike, -
    An' what ye got?
Some stuff ye'd hoy ahint a dyke
    Ti lay an' rot.

But gi'e us lines wi' pulse an' beat,
I' rhyme an' meetor, liltin' sweet,
What gits folk gan' wi' tappin' feet
    That ferl an' rise;
Ah'll reckon at the Judgement Seat
    Yon taks the prize!

THE MODORST SPORTSMAN

Ah'm a quiet sort o' chap
Hardly ivvor gits a clap,
Mind, Ah owly kinda play it for the fun;
But thore hev bin canny days
When Ah've eorn'd a bit o' praise,
So Ah'll tell ye 'boot some modorst things Ah've done.

Thore wes sleet, an' thore wes hail,
It wes bla'in' half a gale
On that day that brings sweet mem'ries back ti me,
As Ah drove inti that bunkor,
Then chipp'd it oot an' sunk hor,
When Ah won the Oppen wi' a sixty three.

Odds o' two hundred ti one,
That's the cuddy Ah wes on, -
It wes hardly what ye'd cerl a money spinnor, -
But the crood erl rose ti cheor
As Ah come in ten lengths cleor
At Aintree when Ah rode the National winnor.

The track wes nivvor easy,
It wes wet an' it wes greasy, -
The engine scream'd its eor-splittin' drone, -
But Ah know just hoo it feels
When ye cornor on two wheels,
Since Ah took the chequor'd flag at Silvorstone.

Wes it Rome or wes it Peorth,?
Wes it somewheor else on eorth?
From age ti age the story will be towld;
Whethor jumpin', runnin', swimmin'
It wes still the same man winnin'
As Ah stood ti tak me tenth Olympic gowld.

It wes half way thro' the fight
That Ah cetch'd him wi' me right,
An' Ah mind noo hoo hes knees began ti fowld;
So Ah weigh'd in wi' a clip
Just ti button up hes lip
On the neet Ah knock'd Mohammed Ali cowld.

'Twes a clammy het July
Not a clood wes i' the sky,
An' tho' some pearts o' the match Ah just forgets,
Ah weel mind the extry pace
As Ah sorv'd yon final ace,
When at Wimbledon Ah won hor in straight sets.

Erl the crood began ti sing
As Ah pass'd it ti the wing,
An' hes centor come across as Ah ran up, -
Ah can see the moment yet
As the berl brok thro' the net
For me Wembly goal that won the F.A. Cup.

Erl the sportin' papors said, -
Or at least the yins Ah read, -
That we'd nee chance 'ginst the Welsh, an' they wad lick us;
Gareth Edwards bowt me dummy,
J.P.R. hung roond me tummy,
As Ah cross'd ti score the winnin' try at Twickors.

But the day Ah mind the best
Wes the last yin o' that Test, -
'Cos when Ah come in 'twes eighty three for nine;
Mind, the track wes green an' liftin',
An' the berl wes faorly shiftin',
But Ah just stood theor an' play'd them doon the line.

Geoff Thomson! Dennis Lillee!
Whey, Ah knock'd the beggors silly,
As Ah cut an' hook'd an' drove them ti the boards;
Geoffrey Boycott, Ah recerl,
Nivvor hed ti play a berl,
On the day Ah made a double ton at Lords.

Yet - thore is anithor game,
Wheor Ah hing me heid i' shame, -
But ye canna win them erl, Ah erlwis thinks;
Man, Ah darsent tell a lie,
But nee mattor hoo Ah try,
Ah'm a duffor when it comes ti Tiddley Winks!

THE DREAM GAME

When Wintor winds bring snow an' sleet,
An' frosts come sharp at ferl o' neet,
Ah sit doon i' me fav'rite seat
    Afore the flames,
An' dream theor as Ah werm me feet
    O' summor games.

Gan 'lang the road an' looka wheor
The Cricketors hev pitch'd thor squeor;
The happy 'oors Ah've spent up theor
    Oot on that wicket!
Thore's no a cannior game, Ah sweor,
    Than playin' cricket.

We pick wor team the Monda' 'fore, -
Good bats ti push alang the score,
An' clivvor boolors that w'ore sure
    Can use the berl;
Selectin's sic a thankless chore
    Ti please them erl.

Yin laddie's norves is erl ti hell, -
We'll mebbies rest him for a spell,
An' hope the beggor winnit yell
    An' tak the pet,
An' gan aboot the folks ti tell
    He's badly tret.

W'ore noo erl set ti tak the field,
Detormin'd we can win the shield;
An' ivv'ry man hes bat'll wield
    An' canny clout, -
The opposition's fate is seal'd
    As sure as owt.

Wor skipper's werlkin' oot ti toss, -
Hes two-tail'd hap'ny canna loss;
When he comes back, he's lookin' cross
    An' fit ti borst, -
"Howway then or ye'll gathor moss,
    W'ore fieldin' forst!"

Mind, - cricket is a serious game,
When opp'nin bats is hard ti tame;
Yin fieldor gits hes sunda' name, -
    He's dropt the berl!
But, - we just carry on the same,
    An' wickets ferl.

Thore's some git cowt, an' some git bowl'd,
The score book hes thor story towld,
Some's mair detormin'd, some just fowld
    Ti wor attack,
An' see thor middle stump knock'd cowld,
    An' layin' back.

When th'ore erl oot for umpty three,
We come inside an' hev wor tea,
An' think aboot the victory
    W'ore ganna win;
Heid doon, git inti line, ye see,
    An' git stuck in.

But tho' they hev nee runs galore,
We'll hatta bat a while afore
We reach the target o' the score
    W'ore set ti chase;
We'll git hor but, o' that Ah'm sure, -
    Thore's nee greet race.

Still wary yit ti hev a go,
Wor opp'nin' bats is startin' slow;
When louse berls come the runs'll flow,
    So hev nee feor;
We'll play hor canny, blow bi blow,
    An' we'll git theor.

Thor wickie's bonnie an' he's quick, -
He'll kep the berl an' gi't a flick,
An' makin' oot he heord a snick, -
    "Hoo's that?" - he'll shoot;
But, man, the umpire's no that thick,
    An' grins, -"Not oot!"

We'll loss some wickets, thore's nee doot, -
Thore's some'll git thor ahnsels oot
Bit tryin' ti gi'e the berl a cloot
    Wi' lifted heid;
But 'lang as two or three tak root,
    That's erl we need.

The tithor side is boolin' tight,
But soon wor target is in sight;
It just needs yin lad wi' the spite
    Ti see us thro';
Thore's nee appeals agin the light
    W'ore makin' noo!

"We want but fower" - ye heor them say, -
"So gi'e the berl a hefty bray!"
An' eftorwerds we mak wor way
    T'the Rose an' Croon;
As we drink victory that day,
    They sorras droon.

POST SCRIPT
Y'ore mebbies thinkin' it's a shame
Ah nivvor mention'd nee one's name;
Y'ore mebbies reet, - but erl the same
    The greetor sin
Wad be ti dream aboot a game
    We diddent win!

AH FANCY YON BORD

I' the cornor o' wor cricket field thore stands a muckle spruce,
Wheor ivv'ry yeor a corbie crow nests canny, snug an' croose.

From theor he wetches erl the games, - hes view is aye the best, -
'Twad tak a cowey-handor's howk ti shift him aff hes nest.

He spots the groondsman comin' oot ti cut an' rowl the wicket,
An' shoots - "Timorra's Satorday, it's cricket, lovely cricket!"

But if the match gits cancell'd an' the rain is poorin' doon,
He sits erl hunch'd wi' misory, - hes feathors in a froon.

A keen supportor o' the club, he'll nivvor miss a berl, -
He claps the scorchin' boond'ry hit an' cheors the wickets ferl.

He spies the fieldors standin' theor i' white, while he's i' black,
He sees the batsmen werlkin' oot, - then sees them trailin' back.

An' when they git the faintest edge when gannin' for a cloot,
He sees the berl toss'd up aheight, an' heors the wickie's shoot.

He spies the mighty fingor rais'd, the batsman torn i' shame,
Then from the Dressin' Room he heors the umpior's Sunda' name!

When maiden eftor maiden's bool'd ti batsmen playin' numb,
He taks a flit aroond the pitch, crying' - "Hit up, Bellinjum!"

But if that dissent dee the trick, an' scoring' still is slow,
A voice comes croakin' thro' the aor, "Howway man, hev a go!"

He sighs when boolors bools thor wides, thor lang-hops an' thor
                                                        beamors,
An' shoots, - "Man tak them spinnors aff, an' put back on the
                                                        seamors!"

He shows a canny intorest in ivv'ry boolin' change, -
Thore's some he thinks is brilliant, an' some he thinks is strange!

He cheors the smart ootfield pick-up, an' hoy that nivvor fails
Ti thump inti the wickie's gloves an inch above the bails.

But hes the harshest things ti say ti fieldors droppin' catchies,
An' thinks he's clivvor when he shoots, - "That dissent win nee
matchies!"

Ah've eftin thowt ti ask yon bord, but nivvor hed the cheek, -
If we wore ganna be yin short, wad he fill in next week?

He'd oppen up the innin's, man, wi' hop an' flap an' cut,
An' lift hes beak ti swing hes bat, - wi' baith hes eyes tight shut!

An' when the tothor side began ti hit them oot the groond,
The skippor'd toss the berl hes way, ti bool them left wing roond.

He'd tak a big lang flappin' run, hes feathors roond the seam,
An' flatten erl the wickets o' the opposition team!

We'd field him var' nigh ivv'rywheor, close in, oot squaor or fine, -
He'd flee an' catch the sixies up afore they cross'd the line!

So, if ye notice on the list a name ye divvent know,
It's just that wor Committee hev selecteed Jimmy Crow!

COURTIN' DAYS

When Ah wes a laddie, Ah courted a lass,
The bonniest ivvor thore's been;
We used ti gan werlkin' amang the lang grass,
An' what we did neebody seen.

Me mithor gat naggin', an at us she yelt, -
"Man, laddie, y'ore temptin' your fate!
But bi what folks is sayin' an' what Ah've bin telt,
Ah fancy Ah'm speakin' ower late!"

Ah said, - "Mam, Ah'm, sorry, Ah shoulda ta'en heed,
But Ah'm no as strang-minded as some
Ti that wink in hor eye, an' that toss o' hor heid,
An' that reet saucy swish o' hor bum!"

The day we gat married, Ah werlk'd up the aisle,
An' the priest look'd at me wi alairm,
'Cos theor stood hor feythor, hes gob in a smile,
An' a shot gun tuck'd undor hes airm!

So the priest tied the knot then as fast as he could,
An' soon they wore drinkin' wor health,
Wi' ivv'ry one wishin' 'twad erlwis be good,
An' much the same aboot wealth.

But Ah feort that from worries Ah'd nivvor be freed,
'Cos she noo hed us undor hor thumb, -
Wi' that wink in hor eye, an' that toss o' hor heid,
An' that reet saucy swish o' her bum!

The yeors hev gan by, an' hoo happy Ah've bin,
　　Wi' me family o' bairns an' me wife;
What we did i' the lang grass wes mebbies a sin,
　　But the best sin Ah sinn'd i' me life!

Thore's five bonnie dowtors wi' lang gowlden haor,
　　An' each yin me pride an' me joy;
Tho' eftin she's said, - "We'll no hev onny maor!"
　　Ah fancy she'll try for a boy!

'Cos she knows varry weel, when she's feelin' the need,
　　She's ownly ti whistle, - Ah'll come
Ti that wink in hor eye, an' that toss o' hor heid,
　　An' that reet saucy swish o' hor bum!

LINES ON ME FACE

Owld Time hes drawn in ower three score yeors
Sic lines upon me face; yet folks can see
That undorneath thore's still the same owld me.
They start wi' forst me bairnie's smiles an' teors,

Then ootdoor life, the blue skies an' the greys,
The worries that a furrow'd broo can bring,
An' laughtor wi' mair lines than onny thing
Show up the stories o' me yestordays.

So, workin' up mair gan-on each decade,
The way Ah've tret me body, heort an' brain
Gi'es canny pictures theor o' joy an' pain,
Yet sad an' sorry wheor mistakes wore made.

But hoy the forst staun onnyone that can
At nee worse sinnor nor yor average man!

THE GRITTOR

When wintor skies deep frost forebodes,
　　Or snows come snell an' bittor,
Way up an' doon the North Tyne roads
　　Gans Willie wi' hes grittor.

Worth ivv'ry penny o' yor rates,
　　Wor Willie is nee quittor;
Of erl the lads amang hes mates
　　Ye winna find a fittor.

Hes waggon load o' grit an' selt,
　　Yince seen, ye'll no forgit hor,
For when hes spinnor gans full belt,
　　She flees aff like a skittor!

An' when the stuff's bin hoy'd erl roon',
　　An' thore's neewheor else ti pit hor,
Ye'll find him doon the Rose an' Croon,
　　Ahint a pinta bittor!

NEE TIME TI LISTEN!

The busy man hes gat nee time ti heor the poet,
    He nivvor thinks aboot him;
Nee praise nor blame comes oot hes idle gob ti show it;
We wreet wor canny lines wi' care, but feor an' know it, -
    The magic dissent suit him;
An' yet w'ore telt we'll reap nee harvest 'less we sow it.

Whee wastes hes days in gittin' wealth's no like ti spend hor
    On onny vorse w'ore sellin';
An' yon's a bittor fact for them what seeks ti mend hor;
We need that lovin' heort ti heed the Muse, an' tend hor
    When whispors sweet she's tellin',
For we'll no win the beggors ower 'less we befriend hor.

But, mind, Ah reckon if we gat some o' them neor us
    Wi' lugs cock'd up ti listen,
An' gat that kinda hush that nee dar brek ti jeor us,
We'd spiel them sic a poem, they'd hev nee choice but heor us
    Sing oot what they'd bin missin',
An' they wad loup up on thor feet ti clap an' cheor us.

COLOURED VOICES

Ah hev a friend that Ah love weel, respect him if ye can,
Thore's whiles he's honest, whiles he's not, - an average sort o' man;
But whethor he is unaware, or whethor it's bi choice,
He erlwis shows hes feelin's bi the colour o' hes voice.

He yells ye good blue mordor, an' he tells ye smerl white lies,
He speaks o' love ti lassies in a voice o' summor skies;
He muttors broon an' studious when he sits doon ti think,
He smiles at little bairnies i' the tones o' purest pink.

When envy grips him bi the heort he cries oot deepest green,
He uses royal porple when he stands afore the Queen;
When angor blazes in hes eyes he mumbles misty reid,
He hes a black an' mournful voice for speakin' o' the deid.

He uses pale insipid speech when his is ill an' weak,
An' if he's feelin' cowardly it hes a yella streak;
Hes words tak on an ambor glow when caution is the game,
But he blushes like the rose bud if he feels he is ti blame.

He uses phrases sombre grey when he cracks on serious things,
But when he laughs i' silvor tones what happiness he brings!
An' when ye canna heor him, an' ye reckon he's no theor,
The golden o' hes silence still hings lightly on the aor.

A CYNIC'S EYE VIEW

Hooivvor large yor strivin's swell,
Hooivvor lood ye peal yor bell,
   Hooivvor greet yor bent, -
The hist'ry books will erlwis tell
Hoo stauns that pave the way ti hell
   Are laid wi' good intent.

Hooivvor lofty be yor themes,
Hooivvor colourful yor schemes,
   Hooivvor wise ye plan. -
The final target, so it seems,
Is far ayont the wildest dreams
   O' mere mortal man.

Hooivvor form yor porpose grows,
Hooivvor smooth its passage flows,
   Hooivvor hie ye climb, -
As soon as onny cowld wind blows,
Hoo quick a change o' fortune shows
   Yor luck's run oot o' time.

Hooivvor grand they cerl yor name,
Hooivvor sweet i' Halls o' Fame
   They sing yor praise, -
When things gan wrang they put the blame
On ye, an' muttor, - "Fie for shame!"
   On erl yor artless ways.

Hooivvor fate's roond wheel may spin,
Hooivvor rich a prize ye win,
   Hooivvor blue yor sky, -
As sure as greed's a deadly sin,
Ye just tak oot what ye put in
   The day ye come ti die.

Hooivvor far ye keep from strife,
Hooivvor canny theor i' life
   Hes bin yor happy lot, -
For ivv'ry man an' ivv'ry wife
This is the last twist o' the knife, -
   "Yin day ye'll be forgot!"

THE DYIN' WISH

Wi' listless eye an' sunken jaw
Owld Willie lay at Deith's back door;
He feort 'twad no be lang afore
    He gat hes box;
Hes wife hed bowt ham at the store,
    An' borra'd crocks.

Hes life-lang mates, owld Bob an' Joe,
Sat roond hes bed, erl gloom an' woe;
They heord him gaspin' weak an' low
    Like landed fish, -
"Yor word on't, lads, afore Ah go, -
    Me dyin' wish!"

"Up theor on yondor shelf thore stand
Two gallon jars, the finest brand
O' whisky brew'd in erl the land;
    An' what Ah say
Is ye mun tak yin each i' hand
    Me fun'ral day"

"An' when the priest hes said hes creed,
They'll hap us up, an' then Ah'll need
Some Spirit grantin' us God Speed
    An' heavenly leet;
So coup yin jar doon ower me heid,
    Yin roond me feet"

"Ah doot Ah'll hardlies last the neet,
So, lads, let's heor ye say ye'll dee't"
Cried Joe, - "Owld mate, we'll see ye reet;
    W'ore baith agreed
Ti teem the whisky roond yor feet
    An' ower yor heid"

Said Bob, - "Ay, yon's the varry least
We could dee for the poor owld beast"
As Willie smilin' an' weel pleas'd
    Pass'd ti hes Makor,
An' they went aff ti seek the priest
    An' th'undortakor.

The folks come by from neor an' far
Ti follow Willie's fun'ral car;
Baith Bob an' Joe each hed thor jar
　　Fast 'neath thor airm,
For feor thor precious load should fa'
　　An' come ti hairm.

It wes a sad an' weary day
They laid owld Willie i' the clay;
An' when the folks hed fil'd away,
　　Joe said ti Bob, -
"The time hes come for us ti stay,
　　An' dee wor job."

"Had on but, - divvent act wi' haste!"
Cried Bob, - "Man, Joe, it seems a waste!
Ah'm sure that deid men canna taste
　　The whisky's glow,
Nor is't the means bi which th'ore rais'd
　　From doon below!"

Then ower Joe's face a grim smile grew, -
"What else," - he said, - "Hed ye in view?"
"May God forgi'e us, - Willie too, -
　　Ah've sic a thorst!"
Grin'd Bob, - "We might just strain hor thro'
　　Wor kidneys forst!"

They tipp'd thor jars an' supp'd hor neat,
They sat theor suppin' come dayleet;
Tho' folks at hame might sairly greet
　　Ower Willie deid,
As owld Bob widdled on hes feet,
　　Joe wet hes heid!

OFF THE MARK

When Ah heor that owld sayin', man,
    Ah nivvor tak nee heed,
'Boot Southornors an' Foreignors
    Beginin' at Gatesheid;

Ah just torn roond an' smile an' say, -
    "Y'ore gey far off the mark;
For them that lives i' Bellingham
    The beggors starts at Wark!"

GLOSSARY

(N.B. the more obvious words have been omitted. For example where only a vowel change has been made to emphasise the pronunciation.)

A. Ayont — Beyond

B. Baps — Buns
Barr'd up — Locked up
Bield — Shelter
Blackie — Blackface sheep or Blackbird
Bleeze — Fast burning flame or Firing of gun
Boodie — China, false teeth
Bool — Bowl
Bummlor — Bumble Bee

C. Canny — Good, well, nicely, kindly, very
Canny-thowt-on — Well thought of
Caul — Membrane
Clag on — Stick or put on
Claggy — Damp, sticky
Clarts — Dirt, mud
Cloot — Blow, cloth, idiot
Coggly — Wobbly
Coo-muck — Cow manure
Corbie crow — Carrion crow
Cowey-handor — Left-hander
Cowp — Fall over or tip over
Cowp yor creels — Fall head over heels
Croose — Happy, healthy
Cuddy — Horse
Cushat — Woodpigeon

D. Doon Calvor — Heavily pregnant cow
Drouthy — Dry, thirsty
Drumlie — Dirty (of water)
Dunch — Dint by blow

E. Erlwis — Always

F. Feort — Afraid
Femmor — Weak, feeble

	Fettle	Put an end to, health
	Fluke	Ovine disease of liver
	Forbye	Also, in addition
	Fornenst	Beside (of place)
	Fresh	Thaw
G.	Gadjees	Men
	Gait	Step, walk, direction
	Gan-byes	Things that go past
	Garr	Make, cause to be
	Gimmor	2 year old female sheep
	Glaur	Mud
	Gleet	Afterbirth etc
	Gob	Mouth
	Greet	Weep
	Grittor	Road gritting machine
	Gully	Knife
H.	Haggs	Grassy Tufts
	Hap(t)	Cover(ed)
	Haugh	Low ground beside river or stream
	Heft	Grazing ground of sheep or the group of sheep grazing that ground
	Heor	Hear, or here (of place)
	Herg	Hogg, yearling sheep
	Hor	Her
	Howk	Heave or dig up
	Hows	Hoes
	Hoy	Throw
K.	Keb(bit)	Abort(ed)
	Keek	Look, see
	Ket	Afterbirth etc
	Kiles	Piles
	Kissen	Shrivel with cold
	Kite	Stomach
	Kittle	Feeble, unsafe, not easy
L.	Lang-johns	Long thermal underpants
	Lang-syne	Long ago
	Lep	Leap or jump
	Liftin'	Stealing
	Lonnen	Lane

111

	Lop	Flea
	Lowp	Leap
	Lowse	Time to finish work, loosen
	Lugs	Ears
M.	Me	Me or my
	Mebbies	May be
N.	Neb end	Nose end
O.	Oxtors	Armpits
P.	Plodge	Paddle, wade
	Poss'd doon	Trampled firmly
	Prog	Poke
R.	Reivors	Sheep or cattle rustlers (esp16th century)
S.	Sark	Shirt
	Scaddit	Scalded
	Sceort	Scared
	Schnuffs	Sniffs
	Scrattin'	Scratching sound
	Scrunch	Make noise of crushing or splitting
	Scumfish oot	Smoke out
	Seesta	Look you
	Shavie	Chaffinch
	Shuddors	Shoulders
	Skelpin'	Clattering, beating
	Skittor	Diarrhoea
	Slavvor	Saliva
	Sneck	Door catch
	Snell	Bitterly cold
	Snitch	Nose
	Snotty	Nasal discharge
	Spate	Flood
	Speil	Talk, chatter
	Splodges	Splashes
	Spuggies	Sparrows
	Steggy	Unbalanced
	Stell	Stonewall shelter
	Storks	Stirks, yearling cattle

T.	Tash	Moustache
	Teek	Tick, an insect carrying sheep diseases
	Teems	Pours
	Tetties	Potatoes
	Theor	There (of place)
	Thor	Their
	Th'ore	They are
	Thore is	There is
	Tousie	Untidy
	Tret	Treated
	Tup	Ram, male sheep
V.	Varnigh	Very near(ly)
W.	Whaup bord	Curlew
	Whee's deid collum	Obituary column
	Wheest	Keep silent
	Wheor	Where (of place)
	Wor	Our
	W'ore	We are
Y.	Ye	You
	Yin	One
	Y'ore	You are
	Yowe	Ewe, female sheep

The poems contained in this book provide the script for the three Audio-Cassettes:-

THE CANNIEST PLACE ON EORTH

RIDIN' HIGH

&

THE LANG PACK

They can be obtained direct from the Author ....

ROBERT ALLEN,
THE GLEBE HOUSE,
BELLINGHAM,
HEXHAM,
NORTHUMBERLAND.
NE48 2JS

Tel: 01434 220265